交通运输经济学

王利红　著

吉林科学技术出版社

图书在版编目（CIP）数据

交通运输经济学 / 王利红著． -- 长春 ：吉林科学
技术出版社，2019.6
ISBN 978-7-5578-5343-3

Ⅰ．①交… Ⅱ．①王… Ⅲ．①运输经济学－高等学校－教
材 Ⅳ．① F50

中国版本图书馆 CIP 数据核字（2019）第 102435 号

交通运输经济学
JIAOTONG YUNSHU JINGJIXUE

著　　者	王利红
出 版 人	李　梁
责任编辑	朱　萌
封面设计	长春美印图文设计有限公司
制　　版	长春美印图文设计有限公司
幅面尺寸	170mm×240mm　1/16
字　　数	260 千字
印　　张	12
版　　次	2019 年 6 月第 1 版
印　　次	2019 年 6 月第 1 刷
出　　版	吉林科学技术出版社
发　　行	吉林科学技术出版社
地　　址	长春市净月区福祉大路 5788 号
邮　　编	130118

发行部电话／传真　0431—81629529　　81629530　　81629531
　　　　　　　　　　81629532　　81629533　　81629534

储运部电话　0431—86059116

编辑部电话　0431—81629518

印　　刷	北京宝莲鸿图科技有限公司
书　　号	ISBN 978-7-5578-5343-3
定　　价	55.00 元

编委会

主　编

王利红　濮阳市城乡一体化示范区发展改革规划局

前　言

　　交通运输经济是社会经济系统的重要组成部分，对于促进社会经济发展及推动人类文明进步的过程中扮演着极其关键的作用。交通运输是国民经济发展的基础，是社会生产、流通、分配、消费各环节正常运转和协调发展的先决条件，对保障国民经济持续健康快速发展、人民生活的改善和促进国防现代化建设具有十分重要的作用。本书将通过对交通运输需求，交通运输供给，交通运输市场供需分析，交通运输项目经济评价，交通运输建设项目的不确定分析，交通运输项目阶段的造价控制，交通运输项目价值工程，交通运输项目施工阶段造价控制，施工成本控制，交通运输成本与政策等方面进行了阐述，来说明交通运输经济的内容。

目　录

第一章　交通运输概述

第一节　交通运输业概述

一、交通运输业的定义

交通运输业是指使用运输工具将货物或者旅客送达目的地，使其空间位置得到转移的业务活动。包括陆路运输服务、水路运输服务、航空运输服务和管道运输服务。

二、发展现状

（一）铁路运输

铁路既是社会经济发展的重要载体之一，同时又为社会经济发展创造了前提条件。虽然我国铁路运营里程在总量上尚处于短缺状态，路网结构对国土的覆盖性尚有较大的差距，但在各种运输方式组成的交通运输体系中，铁路运输始终处于骨干地位，对国民经济发展起到了强有力的支持作用。1997 年年底，我国铁路营业里程达 6.43 万公里，其中国家铁路营业里程为 5.76 万公里，地方铁路营业里程 0.67 万公里。除西藏之外，各省、市、自治区都为铁路所联通，形成了以"九纵十横"为主体的、较为完整的全国铁路网络系统。

1. 铁路路网

干线铁路是铁路网络的关键部分，是铁路发挥骨干作用的坚实基础。目前，我国铁路主要干线共有 22 条，根据其发挥作用和地理位置分布的不同，可大致分为能源运输干线、南北铁路干线、华东地区干线、西北地区干线、西南地区干线和东北地区干线。

能源运输干线主要分布于山西、陕西、内蒙古西部等省（区），主要担负着以煤为主的能源运输任务。目前，我国铁路能源运输基本形成了三大运输线：以大秦—京秦新线、京包复线和京原电气化铁路为主构成的北线，以石太—石德—胶济复线电气化铁路为主构成的中线和以兖石—新菏—侯月新线及新焦复线电气化铁路为主构成的南线。

南北铁路干线由京沪、京广、京九和焦柳四条纵贯我国南北的铁路干线构成，主要担负我国南北地区之间物资交流和长途旅客运输任务。

华东是我国经济较为发达的地区，铁路运输对这一地区的经济发展发挥着重要的支持作用。华东铁路干线主要由新、旧两大干线构成，旧线为沪杭线、浙赣线，新线为阜淮—淮南复线、宣杭线、皖赣线、合九线和芜裕轮渡。

西北是我国经济欠发达的地区，但同时又是我国矿产资源较丰富的地区，加快铁路建设对开发西部资源、带动西部经济发展具有重要战略意义。经过多年的建设，西北地区已基本形成兰新、包兰、宝中、西陇海等四条铁路干线。

西南是我国铁路建设条件较差、经济发展较为落后的地区。为开发大西南，国家从改善交通条件着手，投入了大量资金用于铁路建设，先后建成了举世闻名的成昆、南昆等铁路。目前已形成的以宝成、襄渝线为主的北通路和以湘黔、贵昆、南昆为主的南通路两大对外主通道，为加强西南与东南沿海及中部地区的沟通、加快西南地区经济开发创造了有利条件。

东北是我国老工业基地和重要的粮食、木材生产基地，铁路运输较为发达。目前已基本形成了以京沈、京通和集通线为主的三条进出关通道。

2. 铁路客货运输

1997年，我国铁路完成客运量92578万人，客运周转量3548.2亿人公里，分别比1996年下降5.68%和增长6.7%；完成货运量169734万吨，货运周转量13097.1亿吨公里，分别比1996年增长0.55%和0.97%。铁路客货运输在运输市场所占份额呈逐年下降趋势。

（1）铁路客运。近几年来，在全社会客运量稳步上升的同时，我国铁路客运量和客运周转量逐年下降、旅客平均运距逐渐延长；在铁路客运紧张状况逐步缓解的同时，铁路运输所占的市场份额持续下降。长期以来铁路运价偏低，并且承运了大量短途旅客，既挤占了铁路运输能力，又未能取得应有的经济效益，也妨碍了铁路旅客服务质量的提高。近几年来，随着铁路运输政策及客票价格的调整，相当一部分中、短途客流分流到其他运输方式（主要是公路）上，从而使铁路承运长途旅客比能增大，铁路服务质量不断提高。

（2）铁路货运。铁路货运主要以大宗货物为主，煤炭、矿建材料、石油、粮食、木材等占总运量的85%以上，其中仅煤炭一项就占总货运量的46%。由于我国资源分布不均，产品产地与消费地之间的距离较远，使得许多货物的运输距离较长。我国铁路货运平均运距一般达800公里左右。近年来，随着社会主义市场经济体制的不断完善，人为的货物不合理流动逐步减少，加上我国经济结构调整、生产布局逐步趋向合理，铁路货运需求的增长相对趋缓、运输压力有所减轻，一些限制口的运输状况也逐渐好转，从而为铁路充分满足影响国民经济大局的煤炭、粮食等物资的运输创造了条件。

铁路在完成大宗货物运输的同时，为增强市场竞争能力，已在部分对铁路货运市场影响较大的区段开行一批定点、定线、定车次、定时、定价的"五定"货物快运班列，以快捷、方便、准时的运输服务，拓展货运市场。

（二）公路运输

改革开放以来，我国公路运输进入了一个新的发展时期，公路里程、公路运输量和民用汽车保有量均大幅度增长。1997 年，全国公路通车里程达 122.64 万公里，较 1978 年增长 1.38 倍。目前公路网已覆盖全国所有省、自治区和直辖市，而且全国 97% 的乡镇通了公路。以国道为主干线，以省道、县乡道路为支线的全国公路网已初步形成。公路建设的快速发展，为公路运输发挥在综合运输体系中的基础作用奠定了良好的基础。

1. 公路网络

我国公路网络由国道、省道和县乡道路构成。国道为我国公路的主骨架，起着连接各省、自治区、直辖市的重要城市、港口、车站、工农业生产基地等作用。省道和县乡道路是国道的支线，起着省区范围内城乡之间联系和通过国道与省外联系的作用。目前，我国共有国道干线公路 69 条，总里程达 10.62 万公里。1988 年，我国第一条高速公路建成通车，到 1997 年底，全国已建成通车的高速公路达 4771 公里。高速公路的出现，有效地改善了干线公路的交通状况，使干线公路在全国公路网络中的地位和作用更加突出。

2. 公路客货运输

近些年来，公路客货运输发展较快，特别是公路客运，现已在客运体系中占有重要地位。1997 年，我国公路完成客运量 120.5 亿人，客运周转量 5541.4 亿人公里，分别比 1996 年增长 7.35% 和 12.89%；完成货运量 97.65 亿吨，货运周转量 5271.5 亿吨公里，分别比 1996 年下降 0.76% 和增长 5.19%。

（1）公路客运。改革开放以来，特别是进入"八五"以来，随着我国公路状况的不断改善，公路客运以其快速、灵活、方便的优势快速发展。据统计，"八五"期间全国客运量比"七五"增长 51.8%，年均递增 9.8%，同期公路客运年均递增率达 11.1%。自 1991 年以来，在全国新增旅客运量中，公路客运量占 99%。公路客运除在运量上大大高于铁路等其他运输方式外，自 1995 年起，其旅客周转量占全国旅客周转量的比重也已超过 50%。

导致公路客运量持续增长的主要原因：一是公路对铁路继续保持在中、短途客运上的分流优势；二是公路客运因高速公路和其他高等级公路的发展而在中、长途客运上逐步获得了市场竞争优势；三是场站及车辆等服务设施和装备水平不断提高；四是公路客运的整体服务质量与水平在逐步改善，使公路客运对旅客的吸引力在提高。

（2）公路货运。公路货运主要从事短途货物运输，1997 年全国公路货物运输的平均运距仅 56 公里。与公路客运相比，公路货运的发展相对缓慢一些，1997 年，公路货运量出现了 0.76% 的负增长。近 7 年来，公路货运量的平均年递增速度为 4.36%，低于公路客运。

随着我国经济的发展和产业政策的逐步调整，全社会高新技术产品、高附加值、高时效性产品将逐渐增加；同时，由于我国区域经济发展的特点决定了地区间发展的不平衡，加上我国产业布局存在地理位置上的差异，地区间各类物资的交流仍将呈增加趋势，公路货运将以其小批量、快速、"门到门"运输的优势，在高价值、高时效的区域内及区域间货物运输中将占有重要地位。

（三）水路运输

我国水运发展的特点是沿海港口和远洋运输发展较快，内河运输发展较缓慢。1997年，我国主要港口吞吐量为13.09亿吨，比1996年增长2.75%，水运客运量和周转量分别完成2.26亿人和155.8亿人公里，分别比1996年下降1.31%和2.97%；水运货运量完成11.34亿吨，货运周转量完成19235.0亿吨公里，比1996年分别下降10.78%和增长7.68%。

1．基础设施建设

我国目前已有沿海和内河重要港口170个，其中主要沿海港口29个，主要内河港口28个。共有泊位6424个，其中沿海主要港口泊位为1282个、深水泊位449个。沿海港口在我国港口设施中发挥着主要作用。1997年，我国沿海主要港口泊位数为1330个（其中深水泊位450个），只占全国的15.2%，但完成的货运吞吐量达9.08亿吨，占全国港口吞吐量的69.4%。在港口建设方面，集装箱运输港口设施发展最快，我国从改革开放初期开始发展海上集装箱运输，在不足20年的时间里，集装箱专用泊位从无到有发展到57个，年吞吐量达到771.2万标箱。

1997年底，我国可通航内河航道总里程为10.98万公里，其中水深1米以上航道6.43万公里。近些年来，由于在流水资源开发利用上存在着诸多矛盾和不合理的地方，加上航道整治资金缺乏和对航道整治的重视不够，使河航道里程呈现出下降的趋势。航道通航能力较差、水运技术及装备水平提高缓慢，以及运输组织等方面存在的问题，使内河航运在交通运输发展过程中的竞争能力逐渐减弱。

2．客、货运输

（1）客运。水上客运由内河客运、沿海客运和远洋客运组成。1997年，我国水运客运量为2.26亿人，其中长江各港口间完成客运量为2240万人，沿海各主要港口间完成客运量5755万人，远洋客运除津、沪等少数港口外，其他港口尚未开办客运航线。因水上客运速度较慢，在与其他运输方式的竞争中处于不利地位。

近几年水上客运量呈逐年下降趋势，徘徊在不足3亿人的水平上。1997年与1990年相比下降了17.1%。尽管水运企业采取了一系列措施，但全国水上客运局面未有根本改变。

（2）货运。我国水运货运由远洋运输、近洋运输和内河运输组成。水上货运主要承担外贸进出口货物运输和国内能源（主要是煤炭）、矿建材料、粮食等的运输。除近、远洋运输因具有其他运输方式所不可替代的作用而稳步发展外，沿海及内河水运发展不很乐观，除煤炭等大宗货物运输外，在件杂货及农副产品等对时效要求较高的物资的运输上，与其他运输方式相比已无优势可言。

（四）航空运输

航空运输可以适应人们在长距离旅行时对时间、舒适性的要求以及快速货物运输需求，是我国正在快速发展的一种运输方式。1997年，民航航线总数达967条，不重复线路里程达142.5万公里，比1990年分别增加457条和91.82万公里，年均递增率为9.57%和12.97%。全国开通民航航线的城市达150个，省会城市、沿海开放城市、重点旅游城市、重要经济城市及边远地区不易通行其他运输方式城市均开通了民航班线。1997年，民航拥有各种类型飞机502架，完成客货运量分别为5630万人和125万吨，飞机数量、客货运量分别比1990年增长118%、239%和238%。我国的民航运输仍处于高速发展时期，除了客货运量每年增长速度保持在18%以上外，民航机场、民用飞机等均保持较高的发展速度。

（五）管道运输

管道运输是一种较为特殊的运输方式，目前我国采用管道运输的主要是石油和天然气。1997年，我国管道总里程达2.04万公里，主要分布于新疆、陕西、内蒙古、北京、河北等省（自治区、直辖市）。1997年的管道输送量为16002万吨。

管道输送所涉及货物品类较少且较单一，因此，其在综合运输系统中的影响力小一些。但由于其安全性、稳定性较高，输送成本较低，而且占用土地较少，对环境基本不造成污染，因此，是今后许多输送量较大的气体、液体物的较佳输送方式，煤等亦可转换成液体—煤浆进行输送。

三、存在问题

我国交通运输业发展存在的问题

1. 交通基础设施总体规模不能满足经济发展的需要

虽然我国的交通运输业有了较快的发展，但我国现有的交通基础设施总体规模仍然很小，不能满足经济社会发展对交通运输不断增长的需求。我国按国土面积和人口数量计算的运输网络密度，不仅远远落后于欧美等经济发达国家，就是与印度、巴西等发展中国家相比，也存在较大差距。

交通基础设施的缺乏，特别是在主要运输通道上客货运输能力严重不足，将对国民经济的健康发展产生不利影响。

2. 交通运输业的发展尚不能满足人民生活水平提高的需要

随着经济的发展，居民的收入水平将不断提高。居民收入水平的提高将带来居民消费行为和消费方式的变化。在收入水平很低时，居民家庭将把他们的收入主要花费在食物和住房等一些生活必需品上。随着收入的增加，用于许多食物项目上的开支将增加。人们吃得更多更好。其食物结构将从以廉价的含大量碳水化合物的食品为主转向以昂贵的肉类、水果、可口的蔬菜等食品为主。然而，随着收入水平的进一步提高，总支出中用于食物的支出比重将下降。在收入达到很高的水平时，用于衣着、娱乐和一些所谓的奢侈品项目（包括出外旅游）的支出比重将增加。

由于经济条件越来越好和闲暇时间越来越多，出外旅游将成为人们的经常性的消费，人们对旅游服务质量的要求也会越来越高。在信息化时代，每周例行的短途往返（从家里至办公地点，或从家里至超级市场选购生活用品）的次数将相对减少，但是人们参加特定目的的长途旅行的次数可能会比以前任何时候都多。我国交通系统的构造必须满足居民出外旅游在数量上和质量上的需要。

居民出外旅行，要求运输方式快捷、舒适、安全。然而，我国的交通运输业还不能完全满足这些要求：高速公路比重不大，高速铁路尚属空白，民用航空业还不发达，运输服务质量亟待提高，等。

城市公共交通系统不够发达，路网密度不高，布局不够合理，城镇居民的工作和生活出行尚有诸多的不便。

3. 交通运输设施的区域布局不利于地区之间的协调发展

我国是社会主义国家，又是一个多民族的国家。从长远的观点来看，只有各地区之间实现了协调发展，国家的安全和社会的稳定才能得以保证。

目前，我国东部地区交通比较发达，而中西部地区特别是西部地区交通比较落后。中西部地区的发展受到了落后的交通运输的严重制约。而中西部地区地域广大，资源丰富，西部地区又是少数民族聚居的地区，他们的发展具有重要的战略意义，是国家安全之所系。

4. 交通运输业的能耗高、污染严重，不符合可持续发展的要求

在过去的一个时期内，交通运输的快速增长是以较严重的资源破坏和环境污染为代价的。随着我国国民经济的持续快速增长，以及交通运输与国民经济密不可分关系加强，今后相当长的一段时间内，交通运输的大发展是必然的趋势，若按照目前的交通运输现状延续发展，势必对资源和环境造成更加严重的影响。

目前，城市交通运输业的发展所带来的污染已经严重地破坏了居民的生存环境。机动车排放的尾气是城市空气污染的主要来源之一，严重危害着城市居民的生产生活环境。城市化的急速发展使得汽车的使用量每年以 10% 的速度增加，城市中的颗粒物和二氧化硫有相当一部分是由汽车排放的。汽车排污也是城市空气中含铅量增加的一个重要来源。交通管理的落后使交通混乱，车辆平均速度低，更加重了破坏性。例如北京的汽车数量只有洛杉矶的 1/10，但是排污量却几乎相当。

5. 较低的交通运输技术和装备水平影响着运输效率的提高

我国在发展交通运输技术装备的过程中，走了一条立足本国同时积极引进国外先进技术和装备的路子，虽然改革开放后，随着我国经济实力的不断增强，在引进国外先进技术和装备方面有了较大发展，但从总体上讲，我国交通运输的技术装备水平上仍与发达国家有较大差距。如铁路在货运重载、客运高速、自动化管理等方面，目前仍处于起步阶段；

公路的许多重要路段混合交通仍较严重，汽车专用公路仅占公路总里程的1%，等外公路高达20%以上；内河航道基本上处于自然状态，高等级深水航道比重很小，能通行300吨级船舶的五级以上航道里程仅占12.3%；大部分港口装卸设备及工艺落后、效率低下，发达国家已极少采用的件杂货物运输方式在我国港口仍普遍存在；民航航空管制、通信导航技术及装备落后已不适应民航的发展；交通运输工具则是先进与落后并存，且技术落后、状态较差的车辆、船舶居多数。技术状况的参差不齐和运力结构的不合理，既严重影响了运输效率的提高，又浪费了大量能源，还造成了严重的环境污染。

6. 各种运输方式分工不尽合理，市场竞争不规范，不利于优势的发挥

改革开放以来，我国各种运输方式均得到不同程度发展，综合利用和发展各种运输方式问题日益受到重视，从而为充分发挥各种运输方式的技术经济优势和功能，实现各种运输方式合理分工和协调发展，力求达到最经济合理地满足运输需求，为保证运输安全，合理利用资源，保护环境等目标创造了有利条件。

世界各国在发展综合运输体系方面，都是根据本国的自然地理、经济和社会发展、技术进步等条件，制定运输发展政策，促进各种运输方式的合理分工和协调发展。但是，许多国家也走过一些弯路，如美国就出现了在高速公路和民用航空大发展之后，铁路运输竞争能力下降而大规模拆除铁路的交通运输发展历程。交通运输市场的自由竞争有其合理的一面，但所造成的资源浪费也是不可避免的。不过无论其交通运输的发展过程如何，有一点可以肯定，各种运输方式的合理分工和协调发展是综合运输体系的核心问题，也是交通运输发展的客观要求。

从我国交通运输结构情况看，公路运输和民用航空运输所占比重上升较快，这与我国经济发展，产业结构的变化紧密相关。经济越发达，产业结构中第二、三产业的比重逐渐增长，对高质量、高效率客货运的需求越高，公路运输以其机动、灵活和"门到门"运输的优势，在公路状况和车辆装备水平提高的前提下，其承担的运输量必然增长；民航则因其快速、安全的运输也在经济高速发展过程中占有一席之地。这种发展趋势与发达国家运输发展规律基本相吻合。但是，由于我国在较长一段时期内对交通运输在国民经济发展中的地位与作用认识不足，使得交通运输的发展严重滞后。我国目前的运输结构是在运输严重短缺的状况下形成的，各种运输方式在分工上只能通过"走得了"来实现。铁路运输因价格偏低，承运了大量的短途运输，1997年，铁路客货平均运距为383公里和772公里，公路运输因道路状况较差，车辆技术水平不高，长期只能承担大量的超短途运输。1997年，公路客货运输的平均运距只有55公里和56公里。由于这种运输分工的不合理，在市场经济条件下，其市场竞争往往表现为不是通过提高服务来占领市场份额，而是满足大量并不适合其运输经济合理性的运输需求，市场范围交叉严重，在同类客货源上进行盲目竞争，使得各种运输方式合理分工无法真正实现。同时，分工的不明确，也妨碍各种运输方式通过取长补短进行协作，其结果是一方面运输短缺，不能很好适应经济社会发展对运输的需求；另一方面，各种运输方式又不能充分发挥出潜能，发挥其在综合运输系统中的优势。

7. 交通运输业承担着过多的社会责任，不利于其自身的发展壮大

交通运输业不仅是国民经济的基础产业，而且是关联度极高的产业，不仅实现着商品和人员的跨地域流动，而且承担着协调产业布局、带动经济落后地区发展、带动上下游产业发展的任务。我国的交通运输还承担着国家大量重点物资、紧急调运物资、救灾物资、国防以及国土开发的运输任务，在支援国家重点经济建设、增强抵御与救治自然灾害能力、保证国家稳定、加强国防边防、巩固国家的政治统一等方面发挥着极大的作用。交通运输业绝大部分属于国有资产，能够满足社会和国家的急需，是应尽的责任，但是这些社会公益性的活动淹没在了经营性活动中，二者界限不清，交通运输运营单位得不到应有的补偿。有时某一铁路线路本身就是国土规划型的或社会目标型的，在相当长的时期内不可能有经济效益，其费用却要由其他经营型铁路的收益来承担，这是很不合理的。国家以双重目标要求交通运输企业，既要实现社会目标又要完成经营目标，这就导致对某些运输方式的定性模糊，市场主体地位不明确，在市场上表现为成本提高，利润微薄，甚至亏损，缺乏竞争力。

8. 政企不分，阻碍了交通运输业的健康发展

在交通运输领域，普遍地存在着政企不分的体制性问题，铁路运输系统更为明显。铁道部依然掌握着全路的主要生产、经营、投资、分配权力，既有铁路行业管理的职能，又有从事生产经营的职能；既代表国家行使国有资产的监督管理权，又有资产经营权；既是行业法规、条例的制定者，又是这些法规和条例的执行者，而被赋予法人地位的铁路局和铁路分局成为虚拟法人，既不具备法人财产权，也不具备完整的生产经营权，使铁路运输企业无法转型为规范的市场主体和法人主体，独立地面对市场配置运输资源。由于国家对铁路运输实行价格管制，这种价格既非来自市场供求状况，亦非来自企业自身的成本状况，铁路运输企业无法通过产品价格获取自身的正常经济收益。

铁路系统政企不分的主要根源之一是国家对铁路运输业的严格管制，由于铁路运价等的制定权尚未成为铁路运输企业的当然权力，在这种框架内即使铁道部与铁路运输企业实行政企分开，铁路运输企业也不可能成为市场主体。通过国家——铁道部——铁路运输企业三者之间的关系实现国家对运输业的严格管制，严重制约铁路运输业的发展。市场经济国家交通运输业的发展，都经历了由国家对铁路部门实施严格管制到逐步放松管制的过程。因此改革我国铁路的运价形成机制，建立在宏观调控下由市场进行定价的新的价格机制，使运输企业走向市场，按市场需求特点组织和安排运输，在市场中提高竞争能力。

第二节　交通运输对社会经济发展的影响

一、交通运输对社会经济的影响

（一）促进区域经济的发展

交通运输对社会经济发展具有积极的促进作用。以公路的建设为例，公路交通建设能够有效地带动区域相关产业的发展，道路基础设施的完备又能刺激当地企业及居民的消费，公路交通建设的投资有限的，而其产生的经济效应却是巨大的。公路投资对经济增长的贡献显而易见，区域经济得以发展的前提在于资本的积累以及生产生活条件的改善，也在于周边环境的改善等。著名的经济学家韦伯认为"运输费用、劳动力成本和生产集聚力是工业区位选址的主要影响因素，其中交通运输系统起着至关重要的作用"。德国地理学家克里斯泰勒也说"对于中心地区提供的服务和货物的需求会随着距离的增加而减少，由于交通费用随着距离的增大而增加，所以随着距离的增加会出现对于中心市场需求为零的区域"。众所周知，区域经济的发展得益于良好的环境以及健全的基础设施，政府积极的政策也是促进经济发展的前提，然而健全的交通运输系统才是直接作用于区域经济发展的主要因素。便捷的交通运输系统能够有效地改善当地企业生产条件、全面降低生产成本，增强区域经济的吸引力，加强企业与周边地区之间的联系，为加速地区间、跨地区间的交流创造条件。

（二）调整产业结构

交通运输系统对社会经济调整产业结构起到积极的作用。所谓的产业结构"是指各产业的构成及各产业之间的联系和比例关系"。在市场经济不断发展的今天，市场分工越来越细、越来越精，因此产生了很多相关的生产部门。相关生产部门受到各种种原因的影响和制约，其生产的速度、就业的人数、所占经济的比重等等方面体现出很大的区别和差异。我国的社会经济分为三大产业，第一产业即农业（包括种植业、林业、牧业和渔业）。第二产业即工业（包括采掘业，制造业，电力、煤气、水的生产和供应业）和建筑业。第三产业是指除第一、第二产业以外的其他各业。而第三产业又分为四个具体的层次，其中运输业就位列其首。随着我国交通运输业的发展，我国的产业结构发生深刻的变化，使得三大产业间相互促进、共同发展。社会经济的发展按照一定的梯度由高向低发展，而产业结构也会呈现出梯度变化的差异，梯度理论的原理本身就是经济发展水平较高地区将低技术含量、低附加值的产业向经济水平较低地区转移，这样的转变过程就有使得产业结构发生变化。伴随着交通运输的发展，使得各个地区之间的产业结构不断的区域优化，实现了资源的优势互补，使得产业资源的分布趋于合理化。

（三）加速城市化进程

交通运输的建设和运营通旨在提高沿线地区和城市之间的经济、文化、政治联系，而这种建设发展本身也促进了城市化的发展进程。交通运输使得地区和城市之间的经济地理位置发生巨大的变化，调整区域发展，是趋于分布发展趋于优化。更重要的是交通运输的建设和运营也促进了交通建设沿线地区的土地资源利用更为合理，有效地促进了农业专业化发展以及加速工业化进程，为加速城市化发展创造前提。法国著名的经济学家佩鲁提出经典的增长极理论，其内容是"经济增长首先出现在具有创新能力的行业，这些行业常常集中于区域内的某些点上，于是就形成了增长极，增长极再通过各种方式向外扩散，其中交通运输系统在一定程度上引导增长极的扩散"。而这种扩散本身就是城市化发展的过程。著名的点轴开发理论也能够有效的表现出城市化发展的过程，点轴开发理论认为中的轴是沿着交通干线形成的，而交通经济带理论也明确指出了交通运输系统对于城市空间布局的影响，交通经济带的产生也加速了城市化进程。

二、社会经济对交通运输的影响

社会经济的发展促进了人们生活水平的提高，使得经济活动不断地加强，而这必然影响到人们对生活、生产所需的原材料、产品的需求量增长，而这些原材料和产品的产地却分布在不同的地区，产品原材料的需求及人员的流动就促进了交通运输业的发展。随着我国市场经济的不断发展，交通运输需求的增长是刺激运输建设以及促进区域交通发展的信号。社会经济水平的提高又会直接作用于交通运输发展，将会有更多的资金投入到交通运输的建设上来，使得交通运输的基础设施建设更加完善，交通运输发展更为合理，其影响具体体现在以下几个方面。

（一）直接作用于交通运输的基础设施建设

社会经济的发展直接作用于交通运输的发展，一方面，社会经济的发展可以为交通运输的基础设施建设提供大量的资金，有效地确保了基础设施的建设。另一方面，社会经济的发展可以为交通运输建设提供技术支持，当今科技的发展与经济发展紧密相连，而随着时代发展的需要，道路交通建设本身需要技术来保证其建设的质量。社会经济的发展为交通运输的基础设施建设创造了物资前提，是保证交通基础设施建设的有效条件。

（二）社会经济的发展促进了交通运输的发展

社会经济的发展有利于提高人们的生活水平，使得人们的生产、生活与交通运输紧密相连。一方面在人们的日常生活中衣、食、住、用、行都离不开交通运输，而随着社会经济的发展，人们的生活水平不断提高、生活理念不断发生着变化，这就使得商品贸易的往来日益频繁，地区间的联系更为紧密，以往的交通运输能力已经不能适应经济发展的要求，于是交通运输便顺应社会发展的需要不断得到发展。另一方面，随着我国产业结构的调整，生产活动顺应经济变化的趋势蓬勃发展，不同的生产活动要求大量不同的原材料，这为交通运输业的发展又创造了前提。

（三）社会经济的发展使得交通运输发展趋于合理

交通运输系统的规划和建设的发展并不是一蹴而就的，而是不断发展的过程，这种变化发展的过程与社会经济有着天然的联系。以城市道路建设为例，社会经济的发展要求城市的规划更为合理，而城市规划的重点就在于使交通运输系统趋于合理化，设计合理的交通运输系统就变得顺理成章。因此，社会经济的发展使交通运输趋于合理化。

第二章　交通运输需求

第一节　交通运输需求概述

一、运输需求的概念

运输需求：是一种由其他经济或社会活动派生出来的需求。运输需求函数（或曲线）在理论上可以通过商品产地的供给函数和销售地的需求函数（或曲线）推导出来。但现实中，在多个商品产地和销地并存而且有多种可替代运输方式的情况下，运输需求以及运输市场上的供求均衡都会呈现十分复杂的状态。

运输需求价格弹性：表示在一定时期内，需求量对于价格变化的敏感程度，它反映了运输需求量的变化对运输价格变动的敏感程度，通常用运输需求价格弹性系数来表示。运输需求价格弹性系数的计算公式为：$Ep = -\Delta Q \times Q / \Delta P \times P$ 影响运输需求价格弹性系数的因素非常多，具体主要包括：

①运输需求替代性强弱。运输需求替代性越强，则其弹性系数越大；替代性越弱，则其弹性系数越小。

②货物种类。高价值货物，其运输需求价格弹性相对较小，而低价值货物运输需求弹性相对较大。

③旅客种类。一般而言，生活性旅客的客运需求弹性系数比较大，而工作性旅客的客运需求弹性系数比较小。

④运输需求的时效性。运输需求的时效性可以理解为运输需求在时间上的紧迫程度。时效性越强，其运输需求价格弹性系数越小；时效性越弱，其运输需求价格弹性系数越大。

⑤货物运输需求的季节性以及市场状况等。当某种货物急于上市销售或不易久存时，其运价弹性小。此外，运输需求与资源分布及工业布局关系极大，它们决定了相当部分的货运量，这些运量一经形成，其运价弹性就比较小。

不同运输市场上客货运输的需求弹性有很大差别，还表现在弹性与具体的运输方式、线路和方向有关。对能力紧张的运输方式、线路和方向，需求的价格弹性虽然较小，运价变动尤其是运价提高对需求影响不大；而能力富裕的运输方式、线路和方向，需求的价格弹性就较大。

运输需求交叉弹性：是指一种运输方式、一条运输线路或一家运输企业的运输需求量的变化对其他可以替代的另一种运输方式、另一条运输线路或另一家运输企业运输价格变化的敏感程度，即一种可替代的运输需求的价格每变化百分之一将引起的另一种被替代的运输服务的需求量变化的百分数，用运输需求交叉弹性系数 EPYX 来表示，计算公式为：

$$Epyx = \Delta Q_Y / Q_Y \div \Delta P_X / P_X$$

需求交叉弹性的意义

需求交叉弹性的大小决定了需求曲线移动的远近。交叉弹性（绝对值）越大，需求的变动越大，而且，需求曲线移动也越大。如果两种产品替代关系极为密切，例如，两种品牌的矿泉水，则交叉弹性就大。如果两种产品是完全互补的，例如，电影和爆米花，则交叉弹性大。如果两种产品相互没有什么关系，例如，报纸与橘子汁，则交叉弹性就小——也许是零。

二、运输需求的分类

对运输需求从不同的角度有不同的划分：

（一）货运需求的种类

1. 根据货物的类别分为普通货运需求和特殊货物运输需求

普通货运需求表现为所要运输的货物都是生产和生活中常见的生产资料和消费资料，运输需求量大且比较平衡稳定，在运输过程和保管、装卸过程中没有特殊的要求；特殊货运需求，所运输的货物大都是长、大、笨、重货物，危险品，鲜活易腐货物等，在运输和保管过程中有其特殊的要求，如果没有特殊的保护措施和技术手段，则难以满足这种运输需求。特殊货运需求相对来说，运输需求较小，且不稳定性较大。

2. 根据运输距离可分为长途货运需求和短途货运需求

长途货运和短途货运相比，运距较长，装卸作业、办理手续等方面简单，形成的运输周转量大，而短途货运需求则相反，频繁装卸，而且形成的运输周转量小。面对这两种运输需求，要求运输企业重视灵活性、方便性和效率口

3. 根据一次所要运运输的货物批量分为零担货运需求和整车货运需求

零担货运需求的显著特点是一次承运的货物批量小，由于不同需求者承运的货物种类、去向、距离均不相同，因而这种需求的满足要求运输企业建立一定的运输网络，配备相应的运输服务设施口整车货运需求即其一次承运的货物至少用一辆车运送的运输需求，这种需求的满足较为容易。

4. 按运输的区域分为区内运输需求和区间运输需求

区内运输需求是指货物的运输范围仅限于一定的区域内的运输需求,如市内货运需求、省内货运需求、国内运输需求等。区间运输需求是指两个或两个以上的区域间的货运需求,如国际货运需求、跨省运输需求,城间货运需求等。

5. 按货物的行业属性分为工业品运输需求和农产品运输需求

工业品的特点是数量多,需求稳定。农产品因其比较分散,且季节性较明显,因而农产品运输需求一般表现为运输需求量集中,而且比较单一。当然,对于工业品和农产品运输需求还可以根据其特性进一步分为不同的运输需求种类,如石油运输、粮食运输需求等。

6. 根据货物的时效性分为快件货运需求和普通货运需求

一些货物因其本身的性质决定,有较强的时间要求,以提高其时间价值,对尽快运送到目的地有特殊的要求,因而表现出不同于其他货物需求的特点。作为运输企业,在满足快件货运需求时,首先必须满足货主的时间要求。

(二)客运需求的种类

1. 根据旅客出行的目的分为普通客运需求和旅游客运需求

普通客运需求的特点为旅客的目的大都是探亲、访友、出差等,因而运输需求者广泛,运输需求量稳定。而旅游客运需求者的目的是旅游,运输的范围一般为城市之间、城市和风景名胜之间。线路特殊。另外,旅游本身带有精神享受需求,旅客对车辆、服务等有较高的要求,从运输需求量的形成和变化方面看,旅游客运需求的季节性更加明显,波动性较大。

2. 根据旅客的时间要求不同可分为直达快运需求和一般客运需求

不论旅客出行的目的如何,都希望有较少的在途时间占用,但在考虑其他因素(如票价)的情况下,不同旅客对时间的要求不同。因此,直达快运可以满足一部分旅客的快速要求,为此,运输企业不仅要减少中途停靠站点,而且要采用先进的运输手段,如高速铁路、高速公路、性能良好的车辆等来满足这种客运需求。一般客运需求则是正常的技术与组织水平下的旅客运输需求,一般为定时、定点、定班,在途时间占用正常。

3. 按运输距离分为长途客运需求和短途客运需求

长途客运需求的特点表现在旅客乘车大都是为了探亲、出差、上学等,起讫点一般为城市之间和较远的城乡之间,而短途运输需求者的出行目的大都是购物或在居住地的附近地区探亲等日常出行需要,因而和长途客运需求相比,短途客运需求者的出行频率高。

4. 按照客运服务质量也可以将客运需求分为不同的种类

舒适的车辆、周到的旅途服务等会给旅客十分满意的精神感受。相反,缺乏安全性,车辆设施低劣,不良的旅途服务会给旅客带来某种精神不适。因此,旅客出行选择,必然会有所不同,由此可将旅客运输需求分为不同的种类。当然这种划分,会随着人们的生活水平的提高,而不断变化。

（三）运输总需求和对个别企业的运输需求

运输企业研究运输市场需求时，还必须区分运输总需求和市场对个别运输企业的需求。运输总需求是一定时期内全社会所形成的运输需求总量，其与市场对个别运输企业的需求量之间区别主要表现在：一方面，运输总需求的增加，并不等于每个运输企业的运输需求都同等增加；另外，运输总需求的减少，也不意味着运输市场对每个运输企业需求都同等减少。其中的关键在于个别运输企业的市场竞争能力。如果把运输总需求比作一块蛋糕，哪一个运输企业能吃多少，仍在于企业自身。如果某个企业市场竞争实力较强，就会有较高的市场占有率；相反，如果某个企业市场竞争实力较差，即使运输总需求增加了，它的市场份额也可能因竞争能力下降反而减少。另一方面，运输总需求的弹性较低，但个别运输企业的运输需求弹性却较高。比如，一旦哪一个运输企业提高运价，需求者就会选择别的运输企业。因此，运输企业在研究运输市场时，不仅要全面研究运输市场需求的形成与变化情况，以更好地了解本企业所处的市场环境，更要研究本企业自身所能赢得的市场范围及变化，只有这样，才能真正地抓住市场需求分析的实质。

三、运输需求的特点

（一）广泛性

现代人类社会活动的各个方面、各个环节都离不开人和物的空间位移，运输需求产生于人类生活和社会生产的各个角落，这种位移的一部分由私人或生产企业自行完成，不形成运输需求，而大部分需要由公共运输业完成。运输业作为一个独立的产业部门，任何社会活动都不可能脱离它而独立存在，因此与其他商品和服务的需求相比，运输需求具有广泛性，是一种带有普遍性的需求。

（二）多样性

货物运输服务提供者面对的是种类繁多的货物。承运的货物由于在重量、容积、形状、性质、包装上各有不同，因而对运输条件的要求也不同，在运输过程中必须采取不同的技术措施，如石油等液体货物需用罐车或管道运输，鲜活货物需用冷藏车运输，化学品、危险货物、长大货物等都需要特殊的运输条件。对于旅客运输需求来说，对于服务质量的要求也是多样的。由于旅客的旅行目的、收入水平、自身成分等方面不同，对运输服务的质量要求必然呈多样性。因此运输需求不仅仅是一个量的概念，它还有质的要求，安全、速度、方便、舒适、满足物流效率的要求等是运输质量的具体表现。运输服务的供给者必须适应运输质量方面多层次的需求。

（三）派生性

运输需求大体上是一种派生性需求。在经济生活中，如果一种商品或劳务的需求由另一种或几种商品或劳务需求派生出来的，则称该商品或劳务的需求为派生性需求。引起派生需求的商品或劳务需求称为本源性需求。派生性是运输需求的一个重要特点。显然，货主或旅客提出位移要求的目的往往不是位移本身，而是为实现其生产、生活中的其他需求，完成空间位移只是中间一个必不可少的环节。

（四）空间特定性

运输需求是对位移的要求，而且这种位移是运输消费者指定的两点之间带有方向性的位移，也就是说运输需求具有空间特定性。运输需求的这一特点，构成了运输需求的两个要素，即流向和流程。

流向是指货物或旅客空间位移的地理走向即从何处来到何处去；

流程也称运输距离，是指货物或旅客空间位移的起点止点之间的距离。

对于货运来说，运输需求在方向上往往是不平衡的，特别是一些大宗货物如煤炭、石油、矿石等，都有很明显的流动方向，这是造成货物运输量在方向上不平衡的主要原因。

（五）时间特定性

客货运输需求在发生的时间上有一定的规律性，例如周末和重要节日前后的客运需求明显高于其他时间，市内交通的高峰期是上下班时间，蔬菜和瓜果的收获季节也是这些货物的运输繁忙期，这些反映在对运输需求的要求上，就是时间的特定性。运输需求在时间上的不平衡引起运输生产在时间上的不均衡。

时间特定性的另一层含义是对运输速度的要求。客货运输需求带有很强的时间限制，即运输消费者对运输服务的起运和到达时间有各自特定的要求。

从货物运输需求看，由于商品市场千变万化，货主对起止的时间要求各不相同，各种货物对运输速度的要求相差很大；对于旅客运输来说，每个人的旅行目的和对旅行时间的要求也是不同的。运输需求的时间特定性引出运输需求的两个要素：即运输需求的流时和流速。

流时是指运输需求对空间位移起止时间的要求；

流速是指运输消费者对货物实现位移全过程中运输速度的要求。

运输速度和运输费用是成正比的，运输服务消费者必须在运输速度和运输费用之间进行权衡，以尽量小的费用和尽可能快的速度实现人与物的必要位移。

（六）部分可替代性

不同的运输需求之间一般讲是不能互相替代的，例如人的位移显然不能代替货物位移，由北京到兰州的位移不能代替北京到广州的位移，运水泥也不能代替运水果，因为这明显是不同的运输需求。但是在另一些情况下，人们却可以对某些不同的物质位移做出替代性的安排。例如煤炭的运输可以被长距离高压输电线路替代；在工业生产方面，当原料产地和产品市场分离时，人们可以通过生产位置的确定在运送原料还是运送产成品或半成品之间做出选择。运输需求的这种部分可替代性是区位理论解决选址问题和国民经济重大工程项目进行技术经济分析的基础。人员的一部分流动在某些情况下也可以被现代通信手段所替代。

第二节　交通运输需求分析

一、运输需求的影响因素

（一）货运需求的影响因素

1. 经济发展水平

货运需求作为派生需求，其大小首先决定于整个经济发展的水平。随着经济的发展，物质生产部门的产品数量增多，商品流通规模和范围增大，都对货运需求产生广泛的影响。事实上，凡是经济发展较快的年份，所形成的货运需求量就明显大于经济发展较慢的年份。在实际分析中，无论是从衡量经济发展的实物指标还是价值指标方面看，它们都与货运需求存在明显的正相关关系。因此，分析货运需求的影响因素时，首先必须从经济发展情况这一总量性因素开始。

2. 产业结构及变化

所谓产业结构是指不同产业在整个经济中的比例关系，如农业、轻工业和重工业的比例，第一、第二和第三产业的比例等。

产业结构对货运需求的影响主要表现在，不同的产业结构必然引起不同的产品结构，而不同的产品结构意味着有不同的货物结构。从货物结构看，不同种类货物在运输需求的形成上是不同的，如基础产业的产品大都是原材料、能源之类，它们的突出特点是长、大、笨、重，附加值较小，运距较长，形成的运输量大，如煤炭、石油、粮食、矿石等，如果这类产品或货物占的比重大，必然形成的运输需求多。反之，加工业、深加工业产品大都是最终产品或消费品，具有短、小、轻、薄、附加值高的特点，因此不仅运量小，而且运距较短，一般属于从最后产地到分布较广的消费地的运输，如果这类产品所占的比重大，必然形成的货运需求较小。

3. 生产力布局状况

生产力布局对货运需求的影响主要表现在货物的流向、流距和流量上。在既定的生产力布局情况下，原材料产地、生产加工地和产品市场地之间的距离是既定的，货物的流向和流距不会有大的变化，而只有流量因生产发展而出现的变化，因此较短时期内，生产力布局对货运需求不会有实质性的影响。但在较长时期内，生产力布局对货运需求的影响则是很大的。无论是旧矿区的衰竭，新矿区的开发，还是新的生产加工中心、销售中心的形成等都会使货运需求发生大的变化，甚至一个城市的壮大也同样产生重要的影响作用。因此，在分析生产力布局对货运需求，特别是较长期内的货运需求的影响时，必须全面了解生产力布局方面的变化情况。

4．产品的商品化率和就地加工程度

货运需求主要来自商品流通，因此如果一个国家或地区的生产社会化程度高，产品的商品化率高，其产品流通的规模较大，产生的运输需求就多。相反，如果产品的商品化率低，同样数量的产品就不会形成较多的运输需求。比如，过去我国的粮食生产商品化率较低，农民生产的粮食除交售国家的部分外，其余部分都就地存放起来。由于这部分粮食不参与流通，因而不能形成货运需求，但自从改革开放后，特别是粮食生产管理体制变革后，粮食流通的规模和范围大大增加。事实上，这些年来，我国货运需求大大增加的原因之一，就是随市场经济发展而导致的生产社会化、商品化程度的提高。

除了商品化程度高低这一因素外，产品的就地加工程度也是影响货运需求的一个重要因素。若某种产品从初级产品到最终产品的生产过程在一个地方就能全部完成，则它不会有较多运输需求产生，如在棉花产地将棉花连续加工成布或服装，不但不需要中间产品在加工地之间的运输，而且随着最终产品的形成，各种废料的剥离，形成的运量也会大大降低。相反，若产品的就地加工程度较低，则中间产品的地区间往来必然形成较多的运输需求。

5．运输业本身的发展情况

运输业本身的发展包括数量和质量两个方面，其对运输需求的影响主要表现在刺激和抑制两个方面。一般而言，运输业作为运输市场的供给方面，它对运输需求有着反作用，如果运输业有了较大的发展，它就对运输需求有一个刺激作用，使许多潜在的货运需求成为现实的运输需求。相反，如果运输业发展滞后，则对货运需求起到抑制作用。所谓运输业拖国民经济的后腿，实际上就是运输业的发展不能很好地满足经济发展所产生的运输需求而导致的。

6．运价水平

货运需求对运价水平的变动是有弹性的，即运价水平的变动对货运需求的变动有着直接的影响。一般而言，运价水平上升时，运输需求会受到一定程度的抑制，运价水平下降时，运输需求则上升。这也是运价之所以能充当调节运输供求关系的杠杆的原因所在。运价之所以能影响货运需求，关键在于运价水平的高低意味着货主所支付的运费水平的高低，而运费作为其产品生产成本的一部分并影响其产品成本的高低，继而影响其产品的售价和赢利，以及市场竞争能力，也就是说，运价和货主的经济利益密切相关。同时，运价水平通过影响商品的市场范围的扩大或缩小，也影响着货运需求的扩大与减少。较低的运费能

使同一商品运往更远的地方参与竞争，必然形成较多的货运需求。

7. 国家的经济政策

国家的经济政策对短期内的货运需求有明显的影响。

如果整个经济在扩张性的政策刺激下处于高速发展时期，则表现为投资规模扩大，能源、原材料需求增加，商品流通活跃，市场繁忙，对运输产生的影响就是运输需求急剧增加。相反。在整个经济处于紧缩政策的抑制下放慢增长速度时，对货运需求将明显地减少。

除宏观经济政策外，还有影响某一地区和产业发展的有关政策，如产业政策、地区开发政策等。如果国家的产业政策发生调整，必然所扶持和限制的产业要发生变化，整个产业结构将跟着发生变化，特别是物质生产领域的各产业的变化，将对货运需求产生直接的影响。

8. 运输方式之间的替代因素

如果要具体分析对某一运输方式的货运需求的影响因素时，还须考虑其他运输方式的替代程度的高低。替代性是运输需求的特点之一，运输总需求和对某一运输方式的货运需求不同，即运输总需求的增加并不意味着社会对某一运输方式的货运需求就增加，相反，运输总需求的减少，也不一定会引起对某一运输方式的货运需求就减少，如果在一定时期内，哪一个运输方式的市场竞争能力提高，它就会有较大的市场占有率。如果作为一个运输企业要分析运输市场需求时，同样应考虑自身的市场竞争能力和其他运输企业的分担能力。否则，只把注意力放在对运输总需求的变化分析上，而不考虑自身因素，则所做的分析是不全面的。

（二）旅客运输需求的影响因素

1. 经济发展水平

旅客运输需求中的很大一部分属于生产和工作性客运需求，如外出采购原材料、推销产品、业务洽谈、技术交流、学习、各种会议等所产生的出行要求。从静态角度看，凡是经济发展水平高的国家、地区，旅客需求水平就高，相反，凡是经济发展较落后的国家和地区，旅客运输需求水平就较低。从动态看，经济高速发展的时期，旅客运输需求就较快增加，大量的人员因生产或工作需要而外出频繁；相反，一旦经济处于较低的发展时期，人们出行的和频率相应会降低。此外，经济发展水平还通过影响人们的收入水平和消费而影响生活性的旅客运输需求部分。因此，经济发展水平同样是影响旅客运输需求的一个总量性因素。

2. 人均收入水平的高低

在旅客运输需求中，除生产性和工作性客运需求外，一个很大的部分就是生活性客运需求，如探亲、访友、旅游、外出休养等所产生的旅客运输需求。这些需求虽然会随人们收入水平的提高而增加，但最终还要受到收入水平的制约。正如前面所述，需求是需要和支付能力的统一，在人们收入既定时，要将有限的收入安排到吃、穿、住、行、用各个方面，而且先支付基本需要，再满足高层次的需要。因此，当人们收入水平提高时，不仅需求量增加，而且层次也相应会提高，不但一般性的出行需求增加，而且旅游运输需求及其他社会交往方面的出行需求也会增加。近年来，我国的旅客运输量大幅稳定增长，平均运距也在增加，实际上都是收入水平提高的结果。

3. 人口的数量及结构

旅客运输的对象是人，因此人口的数量变化必然引起旅客运输需求的变化。人口密集的国家或地区，旅客运输需求水平就高，人口稀疏的国家或地区，旅客运输需求水平就低。人口数量增加时，旅客运输需求就相应增加。另一方面，人口结构对旅客运输需求也产生影响，而且这一方面的影响作用比人口数量本身的增加显得更加突出。之所以如此，关键是同样数量的人口形成的运输需求量不同。比如，城市人口因大都从事各种工业、商业和服务业等工作，出行的频率要比生产单一、集中的农村人口形成更多的客运需求。同样，高收入的人口要比低收入的人口形成更多的旅客运输需求，中青年人口要比老年和少年等非就业人口形成更多的客运需求。因此，分析不同人口在总人口中的比重及变化，对分析客运需求来说，有极为重要的作用。

4. 旅游业的发展情况

随着社会经济的发展，特别是人民生活水平的提高，旅游需求在整个生活需求中的比重也越来越上升，因而旅游业被称为"无烟工业"。与旅游发展密切相关的就是旅客运输需求的增加。近年来的实践证明，旅游运输需求比一般的客运需求更具潜力。因此，在分析一国，特别是一个地区的旅客运输需求的发展变化时，也要重视对本地旅游业发展的考虑，其中不仅要考虑本地旅游资源的数量，而且要考虑旅游资源的等级，以判别其对国内外游客的吸引力大小。

5. 旅客运输业的发展情况

旅客运输业的发展，不仅体现在运输设施的数量增加上，而且还体现在运输服务质量的提高上。其对旅客运输需求的影响同样表现在刺激和抑制两个方面。如果运输布局合理，运输工具充分，技术性能先进，运输服务优良，将会刺激旅客运输需求的产生，否则运输发展滞后，则会抑制旅客运输需求。

6. 运价水平的高低

运输在影响旅客运输需求方面和其对货运需求影响的道理一样。旅客运价水平的高低，对生产性旅客来说，运价水平变动所引起的运费支付，也要进入到企业的生产成本中去，对企业的经济活动效果直接产生影响。对消费性旅客来说，运价水平高低直接影响他们的生活开支，如果在运输需求满足方面的开支过大，在收入既定时，必然影响他们在其他生活需求方面的满足。因此，尽管旅客运输需求作为一种派生需求对运价的弹性相对较低，但运价提高时，旅客运输需求自然会减少；而当运价降低时，旅客运输需求会有一定的提高。另外，运价水平对个别企业的市场占有率来说，影响作用是很大的。一旦某一个运输企业提高运价，运输需求会转移到别的未提价的运输企业。

7. 经济体制和经济政策的影响

在计划经济体制下，由于存在个人、单位"吃大锅饭"的状况，财务制度松弛，不重视成本核算，事业单位缺乏严格的财务预算，因而形成了变相公款旅游、文山会海等现象。虽然其属于不合理现象，但单纯从其对旅客运输需求的影响方面来看，却是突出的。随着经济体制的改革，企业越来越重视自身的经济利益，因而通过严格的成本控制等措施抑制了不合理的运输需求。事业单位财务支出制度的改革，也制约了不合理运输需求的产生。

从国家经济政策方面看，对旅客运输需求也有重要的影响。例如，改革开放以来，鼓励农村剩余劳动力流动的政策，使大批的农村人口开进城市从事各种经济活动，由此形成的"民工潮"，对旅客运输的需求产生了很大的影响。

8. 运输方式间的替代性

与货物运输需求一样，旅客运输需求也存在运输方式之间、运输企业之间的替代问题。如果站在某一运输方式或某一运输企业的角度分析运输需求，就必须详细分析其他运输方式、其他运输企业对自己的需求替代程度的大小。为此，要把握本企业、本运输方式的竞争能力和市场占有能力的强弱。

以上只是简单地列举影响旅客运输需求的一些主要因素，实际上，影响旅客运输需求的因素和影响货运需求的因素一样，不仅十分复杂，而且各因素影响的直接程度、作用大小程度、时间长短都不尽相同。因此，在具体分析时，必须结合一个地区在一定时期的实际情况，找出主要的、长期性的因素分析旅客运输需求变化的基本趋势，也要重视短期性的次要因素，分析旅客运输需求的短期变化情况。

二、运输需求函数与需求弹性

（一）运输需求函数

为定量研究运输需求与各影响因素之间的关系，引入运输需求函数的概念，是用函数的形式表示运输需求量与影响因素之间的数量关系。

运输需求量可以表示为影响它的诸多因素的函数：

$$Q = f(p, \ a_1, \ a_2, \ \ldots\ldots a_n)$$

式中：Q—运输需求量；

P—运输服务价格；

a1，a2，……an——除了运价以外的其他因素。

（二）运输需求曲线

运输需求曲线指的是其他因素不变时，需求量与价格之间的关系。

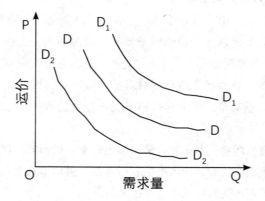

图 2-2-1 运输需求曲线示意图

图中曲线 B 表示其他条件不变时的需求曲线，当运价以外的其他因素变化时，如需求增加，则 B 曲线右移至 C，反之，左移至 A。

有了运输需求曲线就可以研究运输需求量的变化。

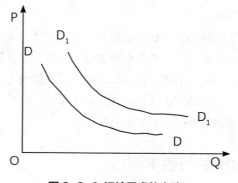

图 2-2-2 运输需求的变动

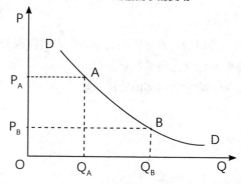

图 2-2-3 运输需求量的变动

运输需求的变动是需求函数的参数发生了变化，是曲线的移动；运输需求量的变动则是自变量引起的因变量变化，是在一定曲线上的移动。

（三）运输需求弹性

1. 需求价格弹性

又称需求弹性，指价格变动的比率所引起的需求量变动的比率即需求变动对价格变动的反应程度。

需求弹性的弹性系数表达式：Ed=（ΔQ/Q）/（ΔP/P）

Ed 代表需求弹性的弹性系数

ΔQ/Q 代表需求量变动的比率

ΔP/P 代表价格变动的比率

2. 需求价格弹性的分类

（1）完全无弹性，即 Ed=0；

（2）需求有无限弹性，即 Ed=∞；

（3）单位需求弹性，即 Ed=1；

（4）需求缺乏弹性，即 0<Ed<1；

（5）需求富有弹性，即 Ed>1。

3. 运输需求价格弹性

运输需求的价格弹性反映了运输需求量对运输价格变动反应的程度：

它的计算方法有两种：

（1）点弹性

是指运输需求曲线上某一点的弹性，表达式为：

$$\varepsilon d = \lim_{\Delta p \to 0} Ed = \lim_{\Delta p \to 0}(\Delta Q / Q) \div (\Delta P / P) = (dQ \cdot P) \div (dP \cdot Q)$$

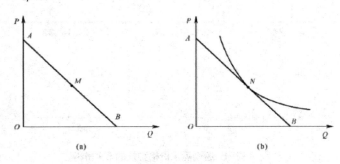

图 2-2-4 运输需求点弹性

（2）弧弹性

指运输需求曲线上某两点间的平均弹性，表达式为：

$$E_d = \frac{\dfrac{Q_2 - Q_1}{(Q_1 + Q_2)/2}}{\dfrac{P_2 - P_1}{(P_1 + P_2)/2}} = \frac{Q_2 - Q_1}{P_2 - P_1} \cdot \frac{P_1 + P_2}{Q_1 + Q_2}$$

注：第一，运价与运输量是反向变化的，因此弹性值为负值；第二，通常使用绝对值比较弹性的大小；第三，若需求曲线是一条直线，虽然直线斜率不变，但 $\dfrac{P}{Q}$ 的值是变化的，所以价格弹性也是变动的。

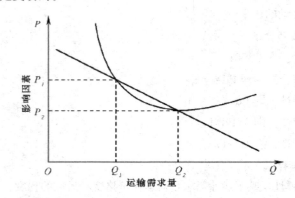

图 2-2-5 弧弹性示意图

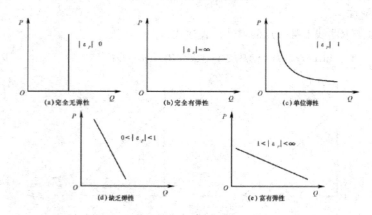

图 2-2-6 运输需求价格弹性的 5 种情况

4. 运输需求的收入弹性

用 E1 表示，反应运输需求量对消费者收入变化的反应程度，多用于分析客运需求。

表达式为：$E_1 = \dfrac{\Delta Q / Q}{\Delta I / I}$

点弹性：$\varepsilon_1 = \dfrac{dQ}{dI} \cdot \dfrac{I}{Q}$

弧弹性：$E_1 = \dfrac{Q_2 - Q_1}{I_2 - I_1} \cdot \dfrac{I_1 + I_2}{Q_1 + Q_2}$

5. 运输需求的交叉弹性

运输服务具有替代性，引入交叉弹性反应一种运输方式、运输线路和运输企业的运输员可以替代另一种的反应程度，即一种变化引起另一种变化的程度。多用于价格和运输量分析。

表达式：$E_{PYX} = \dfrac{\Delta Q_Y / Q_Y}{\Delta P_X / P_X}$ 表示价格 X 变动引起需求量 Y 变动的反应灵敏度。

点交叉弹性：$\varepsilon_1 = \dfrac{dQ}{dI} \cdot \dfrac{I}{Q}$

弧交叉弹性：$E_1 = \dfrac{Q_2 - Q_1}{I_2 - I_1} \cdot \dfrac{I_1 + I_2}{Q_1 + Q_2}$

（四）影响运输需求价格弹性的因素

1. 影响货物运输需求价格弹性的因素

（1）是否具有可以替代的运输服务

（2）运输费用在产品总生产费用中所占的比例

（3）时间的紧迫性

2. 影响客运需求价格弹性的因素

（1）旅行的目的

（2）居民的收入水平

（3）出行的距离

第三节　交通运输需求预测

一、交通需求预测概述

交通需求预测是交通规划中的核心内容之一。交通发展政策的制定，交通网络设计以及方案评价都与交通需求预测有着密切的联系。

城市交通需求一般包括客流需求预测及机动车需求预测。客流预测可分为居民出行需求预测、流动人口出行预测、枢纽点出行预测。机动车根据预测的精度可分为小客车、大中客车、货车、摩托车等出行预测。

居民出行需求预测步骤大致分为四个阶段法：即交通生成、交通分布、交通方式划分、交通流分配。

（一）交通需求预测的步骤

1. 交通生成

交通生成主要是确定各个交通小区的交通产生吸引量。首先将规划期总人口，根据土地利用性质，主要考试居住用地的大小分摊至各个小区。在得到各个小区的居住人口数的就业岗位数之后，将交通产生吸引量根据出行目的分为基于家工作（HBW）、基于家上学（HBS）、弹性出行（ELA），将三类出行目的的交通生成合并，得到总的交通生成量（即P和A）。

2. 交通分布

在得到各个小区的P和A之后进行交通分布，得到出行OD矩阵，交通分布方法很多，如frator，重力模型等。这个步骤首先需要各个小区的距离矩阵，可在需求预测前期工作中完成，也可采用经验值，重力模型参数选取是至关重要的，

可根据生成的各个OD矩阵与距离矩阵得到平均出行距离，以平均出行距离作为控制指标进行调查，使之居民出行在合理的出行范围内。

3. 交通方式划分

交通方式划分主要考虑出新距离的远近及各个小区之间的出行效用，方式划分的方法主要有logit模型，距离—出行概率模型。也可将这些模型进行合并，模型参数的确定可根据相关城市的资料或经验值确定，使模型适应于该城市，最后得到各个出行方式的比例，将作为主要指标进行控制。

4. 交通流分配

交通流分配是交通量预测的最后一个步骤。需要路网及出行OD矩阵。出行OD矩阵主要为机动车OD矩阵，然后在路网中进行分配，主要方法有全有全无，用户均衡，随机用户均衡等方法。

二、交通需求预测的方法

（一）定性预测方法

1. 经验判断法

经验判断法，也称主观估计预测法，是以一部分熟悉业务，具有一定实践经验和综合分析能力的人所做出的判断为基础来进行预测的一类方法。

经理人员判断法

经理人员判断法是由负责的经理人员把与运输市场有关的和熟悉运输市场的计划、运务、市场营销、财务管理等职能部门的负责人召集在一起，请他们对未来运输市场的发展形势发表意见，做出"判断和估计"。然后，经理人员在此基础上做出预测。经理人员判断法简便易行，耗时短，企业不必另行支付预测费用，在实际工作中应用比较广泛。

专家意见法

专家意见法是依靠专家的知识、经验和分析判断能力，依靠专家所掌握的信息，在对历史事实和信息资料进行分析综合的基础上，对未来的运输发展做出判断的一种预测方法。这种预测方法，按照预测过程和收集、归纳各专家意见专家会议法和德尔菲法等。

2. 运输市场调查法

运输市场调查法是通过一定的方法征求购买运输产品的顾客的意见，了解顾客购买意向和心理动机，从而对运输需求情况进行收集、记录整理和分析，在此基础上进行运量预测的方法。

时间序列预测法

基本依据是：在一定时间段内，社会经济发展规律的延续性往往使运量预测对象的变化呈现很强的趋势性，因此可以根据预测对象的历史态势推测未来的发展趋势。

优点是预测所需的数据信息量较小，预测方法简便易行，只要在所研究的时间序列上预测对象没有大的波动，则预测效果较好；

缺点是以时间作为单一的预测因素，无法反映预测对象的实际影响因素。

（二）定量预测方法

常用的方法有：移动平均法、指数平滑法、自回归分析法。

1. 移动平均法

假定条件：预测期内预测变量的数值同预测期相邻的若干观察期内的数据存在着密切关系。方法：将观察期内的数据由远而近按一定跨越期进行平均，随着观察期的推移，按既定跨越期的观察期数据也向前移动，逐一求得移动平均值，并以最接近预测期的移动平均值作为确定预测值的依据。移动平均法常用的又一次平均法和二次平均法两种。

①一次移动平均法。一次移动平均法的移动平均值计算公式为

$$N_t^{(1)} = \frac{x_t + x_{t-1} + x_{t-2} + \cdots x_{t-n+1}}{n} \quad （t \geq n）$$

式中：第 t 期的移动平均值，该值可作为下一期的预测值；

移动跨越期内各期的实际值；

移动平均的跨越期数，即每次移动平均所包含的实际发生值的个数。

应用一次移动平均法进行预测，本期的移动平均值就是下一期的预测值，既

$$Q_{t+1} = N_t^{(1)}$$

②二次移动平均法

二次移动平均法是在一次移动的基础上再进行的一次移动平均。二次移动平均值的计算公式为：

$$N_t^{(2)} = \frac{N_t^{(1)} + N_{t-1}^{(1)} + N_{t-2}^{(1)} + \cdots N_{t-n+1}^{(1)}}{n} \quad t \geq n$$

式中：t 期的二次移动平均值。

自回归分析法

自回归分析法通过分析时间序列的不同自相关系数，选择自相关系数较大的数据，建立适当的自回归模型。当时间序列内的数值在一定的间隔周期内具有较强的相关性时，可采用该法进行预测。

自回归方程的形式为：

$$y_t = \beta_0 + \beta_1 y_{t-1} + \beta_2 y_{t-2} + \cdots \beta_p y_{t-p} + \varepsilon$$

2. 基于影响因素的预测方法

基于影响因素预测方法的基本出发点是运输需求量与社会经济变量之间的相互依存关系，通过对历史数据的详细分析，揭示出运输需求量同相关社会经济变量之间的数量关系，据以预测其未来值。

增长率法

$$Q_t = Q_0(1 + \alpha)^t$$

乘车系数法

$$Q_t = p_t \beta$$

产值系数法

$$Q_t = M_t \beta$$

弹性系数法

先求出历年运量关于经济量的弹性，当有了社会经济指标的预测值后，便可利用该弹性系数来预测出未来的运输量。

弹性系数 E 表示公路运输量的年增长率 i_y，与国民经济的年增长率 i_x 之比。即 $E = \dfrac{i_y}{i_x}$

由此得 $i_y = E \times i_x$

公路运输量预测则采用下列公式，即

$$A = A_0(1 + i_y)^n$$

式中：A—预测年份的公路运输量（万 t 或万人）；

A_0—基年公路运输量（万 t 或万人）；

i_y—公路运输量年增长率（%）；

N—预测年限。

回归预测法

回归预测法是通过寻求预测对象（运输量）和影响预测对象的各种因素（社会、经济指标等）之间的统计规律性，建立相应的回归方程进行预测的方法。

回归预测法能具体分析预测对象的主要影响因素，并能对模型的合理性和预测的可信度进行统计检验，是一种比较科学的预测方法。但是，回归预测法需要历史和现实资料比较多，资料的获取比较困难；同时，回归预测法反映预测对象与相关因素的关系仍是静态的。

回归分析法有两种情况，凡是求一个变量对另外一个变量的回归问题分析，即为一元回归分析法；而一个变量对多个变量的回归问题分析，即为多元回归分析类。

第三章　交通运输供给

第一节　交通运输供给概述

一、运输供给的概念

一种物品的供给是指厂商在一定价格上所愿意出售的物品或服务的数量。供给包含两个层次的含义，微观层次上表示一家厂商在一定价格上所愿意出售的物品的数量；宏观层次上指市场中的所有厂商在一定价格上愿意提供的物品总量，又称市场供给。因此，运输供给的概念也包括这两个层次的含义。

运输供给是指运输生产厂商在特定的时期内，在一定的价格水平上，愿意并有能力提供的各种运输产品的数量。从微观层次上，单个运输生产商所愿意提供的运输产品的数量与该产品的价格和成本有关；从宏观层次上，运输产品市场总供给取决于市场中该运输产品生产者的数量和每个厂商所能够和愿意提供的产品数量。

运输供给包含四个方面的内容：

1. **运输供给的数量**

运输供给的数量通常用运输设备的运输能力来表示，以说明运输供应商所能提供的运输产品的数量和规模。

2. **运输方式**

运输方式指公路、铁路、水运、航空和管道五种运输方式。由于各种运输方式具有不同的技术经济特征，因此，不同运输方式呈现相互区别的供给特点。

3. **运输布局**

运输布局指各种运输方式的基础设施在空间的分布和活动设备的合理配备及其发展变化的状况。

4. **运输管理体制**

运输管理体制表明了运输业发展的结构、制度、资源配置的方式以及相应的政策、法规等。

运输供给的能力由运输基础设施和运载设备两个部分构成。铁路、公路、航道、管道等运输线路及车站、港口、机场等运输基础设施形成了运输供给的物质技术基础，是运载设备运行的载体；铁路机车车辆、汽车、船舶、飞机等运载设备与运输线路的结合共同构成了运输的生产能力。虽然在运输管理体制上，运输基础设施与运载设备的管理可能分离，但是在运输生产能力的形成上，两者是紧密结合、缺一不可的。

二、运输供给的特点

1. 运输产品不可储存性

运输业提供的产品是旅客或货物的位移，产品具有无形性的特点，运输的生产与消费同时进行，因此，运输产品不可储存，只能储存运输能力。

由于运输需求具有很强的波动性，因此，在一定时期内相对稳定的运输生产能力很难与运输需求和谐匹配，运输生产难以均衡，运输供求关系随着需求的波动经常发生变化，相应地造成运输企业均衡生产和服务质量控制的困难。

2. 运输供给的整体性

运输供给的整体性主要表现在两个方面：

一是运输基础设施与运载设备能力相互匹配，形成不可分割的整体。

二是运输基础设施具有整体性。运输基础设施可以区分为两个部分：运输线路和线路上的车站、机场、港口等设施。基础设施的建设应该统一规划、统一设计、相互配套，共同形成生产能力。如果设计和规划时没有整体观念，就会造成在一些地区或线路上的能力紧张，成为运输供给的"瓶颈"，从而影响整个网络的供给能力。

3. 运输供求不平衡性

运输供求不平衡性主要表现在时间上和地区上的不平衡。由于运输需求的季节性不平衡，导致运输供给出现高峰与低谷供给量的悬殊变化，因此造成运输供给量在时间分布上的不平衡。

由于世界经济和贸易发展的不平衡，或一个国家内部各地区之间经济发展的不平衡，经济发达国家（地区）的运输供给量比较充分，而经济比较落后的国家（地区）的运输供给量则相对滞后。运输供给的不平衡性在国际运输市场表现突出。供给与需求的平衡是暂时的、相对的，而不平衡是绝对的、长期的。

4. 运输供给的部分可替代性

运输供给是由多种运输方式和多个运输生产厂商的生产能力共同构成的。由于运输产品的核心是提供旅客和货物的位移，因此，运输产品之间具有可替代性，在同一方向、具有相同或相似技术经济特征的运输方式或运输企业所提供的产品就形成了较强的竞争态势。同时，由于运输产品在时间、运输方向、运输距离等特征上存在差异，旅客、货主对运输产品服务的经济性、方便程度、快捷程度等质量的要求不同，使得不同运输方式间或同一运输方式中不同运输企业间运输产品的替代性受到限制，这种限制又使得每种运输方式间或同种运输方式中具有差别的运输服务，都可能在某一领域的运输供给上形成一定程度的垄断。因此，运输供给的替代性和不可替代性是同时存在的，运输市场的供给之间既存在竞争也存在垄断。

5. 运输生产的时空差异性

运输生产的时空差异性是由于运输需求在运输时间上的规律性、在运输方向上的单向性、个别运输需求对运输设备的适应性等所造成的运输供给与运输需求不匹配所形成的运输生产的时空差异。运输企业为了实现供需的时空结合，经常要付出空载行驶的代价，导致运力浪费。掌握市场信息，依靠科学技术提高运输能力的协调与分配是运输业解决运输生产与需求时空矛盾的关键。

6. 运输供给的外部性

如果某人或企业从事经济活动时给其他个体或社会带来危害或利益，而它们并未因此支付相应的成本或得到相应的报酬，经济学将这种现象称为存在外部性。外部性指个人或企业不必完全承担其决策成本或不能充分享有其决策成效，即成本或收益不能完全内部化的情形。成本和收益不能内部化把外部性分为两种类型：负外部性和正外部性。个人或企业不必承担其行为带来的成本是负外部性；个人或企业不能得到其决策和行为带来的额外收益则是正外部性。

运输供给具有较强的负外部性特点，表现在两个方面：

一方面是当运输生产商超额生产时，一部分运输成本转嫁到消费者身上。由于运输生产者不能储存运输产品，只能储存运输能力，而运输能力在特定时期内是相对稳定的，因此，当运输需求高峰期到来时，运输供给在较大范围内超额生产，同时并不带来运输成本的明显上升。在我国的旅客运输中经常见到这种情况。运输业可以在成本增加很少的情况下，在需求允许时，增加供给量，但伴随而至的是运输条件的恶化，运输服务质量的下降，使得本应该由运输企业承担的成本部分地转嫁到消费者身上。

另一方面是由于运输活动带来的空气、水、噪声等环境污染，能源和其他资源过度消耗以及交通堵塞等成本也部分地转移到运输业的外部成本中。

三、运输供给的基本特征

由于运输产业在各种结构方面的特点，使得运输供给与一般商品和服务的供给相比，有很大的差异。运输供给有如下一些特征。

（一）运输业"有效"供给的范围较大

大多数运输方式的特征之一是资本密集度高，一般来说运输业单位产值占用资金的数量均明显高于其他生产和服务部门。资本密集度高往往意味着在总成本中固定成本比变动成本的比例要高，这使得各运输方式的短期成本曲线较为平坦，就是说与那些变动成本很大的产业相比，运输成本曲线的 U 字形不明显。当短期平均成本曲线在相当大的产出范围内具有较平坦的形状时，单位成本随运量变动只有很微小的改变。对于运输业者来说，处于由边际成本确定的理想"最优"供给量的运输成本，与其周围非最优供给量所对应的成本可能相差无几，所以"有效供给"对运输生产者来讲就有一个较大的范围。只有当需求量变动相当显著时，才会超出这一"有效供给"的范围。

（二）运输供给的短期价格弹性较大

运输成本和运输能力调整的难易程度是影响运输供给弹性的重要因素。由于铁路、水运、航空和管道几种运输方式的固定资本投资大，固定设备多，因而在短期内变动成本的比重较小，表现为短期成本曲线比较平缓，供给的价格弹性较大。在公路能力具备的条件下，购置汽车投入运营也比较容易。造成运输业短期供给价格弹性较大的另一个原因是，运输能力往往是按运输高峰的需求设计的，这是运输生产能力的一项显著特征。在其他产业中，许多产品的消费可能具有季节性，然而可以做到生产的大体平稳。但运输业的生产和消费在时间和地点上都同时发生，运输产品不能储存。这就使得运输业在一定时期内保持着相当大的运输储备，并准备随时调整运量，从而运输供给可以在短期内随价格的变化而增减，使运输业具有短期供给价格弹性较大的特点。但运输能力大幅度的增加则由于运输设备建设耗资巨大、周期很长的原因，需要较长时间的调整过程。因此运输业供给的长期价格弹性相对较少。

（三）运输供给存在着明显的外部成本

许多运输方式的短期平均成本曲线，在过了其最低点以后，成本并不是明显地上升，但是随之而来的是服务质量的下降。也就是说，运输业可以在成本增加很少的情况下，在需求允许时，增加供给量。也说明其经济运能是一个较大的范围。这种情况在铁路、航空、水运等部门是很普遍的；比如，如果客座占用率由80%增加到100%或120%，则由于上述运输业的短期变动成本所占的比重较小，使得运量的增加而引起的总成本的增加微不足道。然而，当这种情况发生时，伴随而来的是运输条件的恶化，旅客必须在买票、候车、行李托运、行李检查的过程中花费大量的时间和精力。这些服务质量下降所引起的成本全部由消费者承担。如果把这笔费用加在运输业的账上，则其成本曲线就是另外一种形式。也就是说运输业把一系列改善服务条件必需的费用（如改造客站、增加售票点）转嫁给了消费者，从而降低了运输成本；使供给曲线向下移动，在运价不变的情况下增加供给。

此外，运输活动引起的空气、水、噪声等环境污染，造成的能源和其他资源的过度消费以及交通阻塞等，也基本上都是不在运输业者自身成本中反映的社会外部成本。

（四）运输供给水平受公共资本数量的限制

分析过运输供给水平的变化受运输成本的影响，而在公路、水运和航空这几种运输方式中都存在大量的公共资本，诸如公路、航道及机场建设上的投入，这些公共资本一般不在相应运输方式的运营成本中核算，同时这些公共资本也比较难于分辨，所以在通常计算的运输成本中缺少公共资本。然而作为完全运输成本一部分的公共资本可能会改变运输成本曲线的位置和形状，同样也会影响运输供给的水平。而这种运输供给水平的控制权很可能大部分掌握在政府手中，这是在分析运输供给时所必须考虑的，同时在具体操作时也必须找到合理可行的办法分配与公共资本相关联的成本。

（五）运输供给具有一定的不可分性

作为社会基础设施的一部分。运输供给具有一定的不可分性。例如，运输建设一般需要数量巨大的投资并需要进行连续的投资，才能形成运输能力，因此运输供给在资金上具有不可分性；运输设施的设计、建造一般需要相当长时间，运输设施的寿命周期一般也很长，如铁路和港口经常在百年以上，因此运输供给在时间上也具有一定的不可分性；从空间上的不可分性看，运输网是一个整体，要为整个地区或整个国家服务，运输设施的能力一旦形成就很难在空间上转移，而运输任务的完成在很多情况下却是跨地区的，不应人为地加以分割；此外，运输业属于公共事业，为全社会的公共提供服务，且在某些情况下需由社会共同负担成本，因此在这方面显然也具有一定的不可分性。

（六）某种程度上的可替代性与某种程度上的不可替代性并存

现代运输市场中有铁路、公路、水运、管道、航空多种运输方式及多个运输供给者存在，有时几种运输方式或多个运输供给者能完成同一运输对象的空间位移，于是这些运输供给之间存在一定程度的可替代性，这种可替代性构成了运输业者之间竞争的基础。当然，由于运输产品具有时间上的规定和空间上的方向性，因此不同运输供给方式的替代性受到限制；各种运输方式的技术经济特征、发展水平、运输费用和运输网中的分工也不同，所以运输方式之间的替代是有一定条件的。对于客运来说，旅客在旅行费用、服务质量、旅行速度之间进行权衡，选择运输方式；对于货运来说，运输费用、运输速度、方便程度是选择运输方式的依据。每种运输方式都可能在某一领域的运输供给上具有独占地位，形成一定程度的垄断。各种运输供给方式之间存在的复杂关系，这使各种运输供给方式的关系往往难以确定，给运输市场供给的实证分析增加了难度。因而在分析各种运输供给的关系时，必须以具体的时空为研究条件，这也是为什么进行运输成本和运价的研究时，必须具体计算确定的发到地点之间的运输成本和运价的原因所在。

第二节　交通运输供给分析

一、各种运输方式的技术经济特征

（一）各种运输方式静态技术经济特点

1. 公路运输主要特点

原始投资少，资金周转快；技术要求和地形要求低，修建公路的材料和技术比较容易解决，易在全社会广泛发展，可以说是公路运输的最大优点；在中、短途运输中，运送速度较快，避免中转重复装卸，批量、时间不受限制，客、货在途时间较短，对贵重、易碎、要求防腐保鲜物品的中短途运输尤为适宜；可实现直达运输，"门到门"运输，这是其他运输方式无法与公路运输比拟的特点之一；运量小，运输成本较高，运行持续性较差；污染环境较严重，汽车所排出的尾气和引起的噪声是大城市环境污染的最大污染源之一，并且能耗较大。

2. 铁路运输主要特点

准确性和连续性强，几乎不受气候影响，一年四季可以不分昼夜地进行定期的、有规律的、准确的运转，一般情况下能够发车和到站，准时性强；运输速度较快，时速一般在80到120公里；运量大，运输成本和能耗较低；投资大，建设周期长，占地面积较大。铁路运输需要铺设轨道、建造桥梁和隧道，建路工程艰巨复杂；需要消耗大量钢材、木材；占用土地，其初期投资大大超过其他运输方式。同时需要大量的资金、物资用于建筑工程，如路基、站场等；一旦停止营运，不易转让或收回。

3. 水路运输主要特点

载运量大，长江干线驳船顶推能力达3-4万吨；世界上最大的油船已经超过50万吨；成本较低，我国沿海运输成本只有铁路的40%；能耗较低，不到铁路的60%；投资小，建设航道不需要占用土地，劳动生产率高；受航道制约和气象因素影响较大；运送速度较慢。

4. 民航运输主要特点

运行速度快，距离越长，航空运输所能节约的时间越多，快速的特点也越显著；机动性好，飞机在空中飞行，受航线条件限制的程度比汽车、火车、轮船小得多，它可以将地面上任何距离的两个地方连接起来，可以定期或不定期飞行；运输路径短，飞机的航道一般接近直线，不需绕过太多障碍；安全和舒适型好；基本建设周期短，投资少；载运量小、噪声大、成本和运价较高、受气候影响较大，影响其准时性与正常性，飞机的舱容有限，高空运输成本是在铁路、公路、管道、航运等方式中费用最高的。

5. 管道运输主要特点

运量大，劳动生产率高，管道运输是一种连续工程，运输系统不存在空载行程，因而系统的运输效率高；成本和能耗较低，节能和高度自动化，用人较少，使运输费用大大降低，在无水条件下，采用管道运输是一种最为节能的运输方式；连续性强、安全性好，管道运输方式，既安全，又可以大大减少挥发损耗，同时由于泄露导致的对空气、水和土壤污染也可大大减少；投资小、占用土地少；建设周期短、费用低；灵活性较差，调节运量及改变方向的幅度较小，"承运"的货物比较单一，也不容随便扩展管线。

（二）静态技术经济特点的缺陷

静态技术经济特点是在供给主导的观念下形成的，是一种站在供给的角度对各种运输方式技术经济优势和适用范围的定位。伴随我国经济的快速发展，交通事业的迅速发展，尤其是近些年高速铁路、高速公路的快速发展，供大于求的现象逐渐出现，尽管很大一部分属于结构性过剩，静态技术经济特点的缺陷也逐渐显现，主要体现在以下三个方面：

静态技术经济特点的实现有一个重要的前提条件，即现实的环境允许各种运输方式各自发挥其技术经济优势，现实中不同运输通道不可能同时满足各种运输方式所要求的条件。

静态技术经济特点忽略了需求主体的现实需求，忽略了需求主体的时间价值。现实的需求具有多样性的特点，不同的需求主体对运输的要求不同，时间价值也不同。比如，200km 以内的短距离客运，按照静态技术经济特点公路运输的优势巨大，但是对于一个没有收入的大学生而言，出行选择时他可能选择火车，原因在于火车票价最低，而他的选择会多花费一定的时间，但是对于他而言时间价值不高，损失的时间价值不足以弥补票价差额，所以他选择铁路。

衡量各种运输方式技术经济特点的过程单纯考虑"车上时间"，而忽略了"车下时间"。目前，各种运输方式的速度较以前都有明显提高，真正影响出行速度的应是"车下时间"。"车下时间"是除了从搭乘运输工具开始到到站离开运输工具所花费的运行时间之外的其他时间花费，其中主要包括购票时间、到战场时间、等候时间、从战场到目的地时间。"车上时间"指的是运行时间。

（三）各种运输方式动态技术经济特点

目前，各种运输方式静态技术经济特点表现出不适应性，缺陷也逐步显现，但是静态技术经济特点是我们研究动态技术经济特点的基础，本文认为我们的研究首先应是分析静态技术经济特点在现在的不适应性和缺陷，在此基础上从需求主体的角度出发，从实际运用条件出发，研究各运输方式技术经济特点的变化，总结其新的技术经济特点。

同时，我国交通运输的发展也从以片面增加供给为导向、只注重要素投入和数量增加、浪费资源、破坏环境、忽视衔接性和一体化的传统交通发展模式向注重需求分析的综合运输发展模式转变。这一过程中，分析各种运输方式的动态技术经济特点，对综合运输的发展有重要的意义，有利于综合运输结构的完善。因此，现阶段我们要更加注重各种运输方式动态技术经济特点的研究。

二、影响运输供给的因素与供给弹性

（一）影响运输供给的弹性

1. 经济因素

经济总水平是影响运输供给的决定性因素，国家或地区的经济状况是运输供给发展的基本条件。经济发展使运输需求增加的同时，要求增大对运输供给的投入。经济发达的国家或地区，也是运输基础设施比较完善、运网密度较大、配套水平较高、供给能力较强的地区；相应的经济比较落后的地区，运输供给能力也较低。

2. 政治因素

政治对运输的影响主要表现在国家国防发展的要求和运输政策对运输供给的影响。运输业作为国家的一个基础产业，也是军事建设的重要力量。在历史上，很多国家运输业的发展都带有军事发展的烙印，国防建设的要求推动了运输业的发展，同时也储备了大量的运力。这一点在海运和空运中表现最为明显。

运输政策是影响运输供给的重要因素。运输政策是国家发展运输的准则，是经济政策的组成部分。运输政策规定了运输业发展的方式、速度、规模、结构等，对一个国家运输业的发展产生重大影响。

3. 技术因素

技术是推动社会发展的重要力量。技术进步包含两层含义：是生产某种产品的新的更有效方式（包括生产产品新的方法）；二是经济组织、营销和管理方式的改进。技术进步对于生产效率的提高主要反映在获得相同数量产出的条件下，需要的资本和劳动投入都节省了。

技术对运输供给的影响主要表现在运输基础设施和运载设备的技术水平以及管理水平上。用先进技术水平建设的高等级公路、铁路线、车站、码头等运输基础设施，可以迅速地增加运输供给能力。

运输设备的革新，使运输供给从小运量、低运能、低速度，发展到大运量、大牵引力、高速度，大大提高了运输生产效率，降低了运输成本，提高了运输服务质量，提高了运输生产的组织管理水平，从而提高了运输供给的能力。

（二）供给弹性

运输供给的价格弹性是指在其他条件不变的情况下，运价变动所引起运输供给量的变动程度。如果用 P 表示运价、aP 表示运价的变动量，Q 表示运量，aQ 表示运量的变动量，则运输供给的点弹性系数 Es 为：

$$E_s = \frac{aQ}{aP} \cdot \frac{P_t}{Q_t}$$

运输供给的弧弹性计算公式为：

$$E_s = \frac{(Q_2 - Q_1)}{(P_2 - P_1)} \cdot \frac{(P_1 + P_2)}{(Q_1 + Q_2)}$$

式中 Q_1、Q_2 和 P_1、P_2 分别是供给曲线上两点的坐标。

影响供给弹性的因素主要有如下几个方面：

1. 运输成本

运输业提供一定运量所要求的运价，取决于运输成本。如果成本随运量变化而变化的幅度大，则供给曲线比较陡，因而供给就缺乏弹性；反之则富于弹性。

2. 调整产量的难易程度

一般来说，能够根据价格的变动灵活调整产品产量的产业，其供给的价格弹性就大；反之，难于调整的，其供给弹性就小。

3. 考查时间的长短

时间因素对于供给弹性来说，比对需求弹性可能更加重要。时间越长，供给就越有弹性；时间越短。供给就越缺乏弹性。

由于运输业的产业特性，一般还研究运输业内部各种运输方式之间的供给交叉价格弹性。它是指某种运输价格的变动引起另一种运输供给量变动的程度。如果用 P_A 表示 A 运输的运价，Q_B 表示 B 运输的供给量。则运输供给的交叉价格弹性系数 E_{SC} 为：

$$E_{sc} = \frac{aQ_B}{aP_A} \cdot \frac{P_A}{Q_B}$$

可以估计到，独立或不可替代的运输供给交叉价格弹性系数趋于零；可替代的运输之间价格与供给呈逆向变动，其供给交叉价格弹性系数为负值；至于交叉价格弹性系数为正值的情况，则被称为互补运输。在我国运输需求急剧扩大，而各种运输方式的运价在原本很低的水平向上调整，其运能也在不断增加的情况下，也可能出现可替代运输方式之间交叉价格弹性系数为正值的假象。

三、运输供给函数与供给曲线

（一）运输供给函数

运输供给商能够并愿意提供的运输供给的数量与诸多因素有关，如运输产品的价格、运输成本、技术水平等。运输供给函数描述了运输供给量与影响运输供给的诸多因素间的相互关系。

运输供给函数：$Q_s = f(P, b_1, b_2, \cdots, b_n)$

式中：Q_s—运输供给量；

P—运输产品价格；

$b_1, \cdots b_n$—除运价以外的其他影响因素。

（二）运输供给曲线

供给曲线表示在每一个价格水平上运输生产厂商所提供的运输产品数量。运输供给的变化可以通过供给曲线的变化反映出来。

首先，在其他条件不变的前提下，运输供给数量的变化仅仅是由于运输价格的变化引起的。在运输的供给曲线上表现为同一条运输供给曲线上点的移动，如图3-2-1所示。在这种情况下，社会总的运输供给生产能力、规模并没有发生质的变化。运输价格上升所带来的运输供给的变化可能是由于挖潜得到的。

其次，在运输价格不变的情况下，由于受其他因素，如技术进步、劳动生产率的提高、组织方式的改进等的影响，运输供给的数量发生变化，运输供给曲线发生移动，如图3-2-2所示。它表示在同样的价格水平下，社会总的运输生产能力、规模等发生了质的改变。

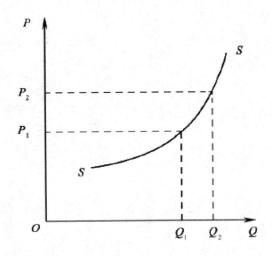

图 3-2-1 受价格影响的运输供给曲线

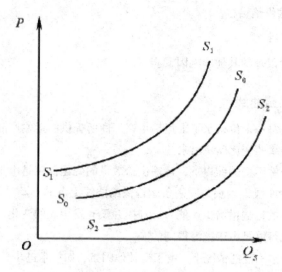

图 3-2-2 受其他因素影响的运输供给曲线

第四章　交通运输市场供需分析

第一节　交通运输市场概述

一、运输市场的概念

运输市场除具有一般市场的共性外，也有其自身的特殊性。

在商品经济条件下，运输劳务同样作为一种商品。目前对运输市场概念的解释主要有以下3种。

1. 运输市场是运输劳务交换的场所或领域

由于运输活动过程既代表了运输产品的供给过程，又表现为运输产品的消费过程，因而两者在时空上具有明显的重合性。但这种重合性，并不意味着我们可以简单地将运输市场概念等同于运输劳务的供给与消费的地点。运输市场与运输生产或消费地点在概念上是有一定区别的。如果将运输市场定义为"运输劳务交换的场所或领域"，那么，运输市场的概念可以理解为促使实现旅客或货物空间位移的场所或领域，如运输交易所、货物承托的场所、旅客售票所或车站等。当然，随着运输业的不断发展，运输服务质量的不断提高，以及客货源的分散性，运输交易活动的很大部分已很难局限于某一确定不变的地点，而是深入到运输活动的经营区域所有可能到达的场所，从而使运输市场表现为一种内部纵横交叉、分布密集的市场领域。

运输市场作为一个"领域"，从空间上来说，也只是无限性与有限性的统一。所谓无限性，是指运输活动不断突破已有的区域而向更加广阔的区域发展，如铁路营运里程的不断延伸，跨国航线的开辟，公路运输的跨省经营等。随着运输设施建设的加快，运输工具技术性能的提高，各种运输方式协作化的进一步加强及运输管理的现代化等，使得运输市场活动区域的扩大成为一种必然趋势，这也是社会化分工及社会化大生产的客观要求，人为地搞行政区域分割是违背市场发展客观规律要求的。所谓有限性。是指运输客货源状况、运输工具技术性能所限，在一定时期和一定条件下运输活动区域又总是有限的，如局限在某个经济区域或行政区域内某条线路上或航道上等。

2. 运输市场是运输劳务交换关系的总和

运输市场是运输劳务交换关系的总和，可以理解为运输市场是指进行运输劳务交换所反映的各种经济关系和经济活动现象，或者说，运输市场是指在一定的历史时期、一定的社会经济范围内。进行运输劳务交换所反映出的各种经济关系和经济现象。它不仅指进行运输业务交易活动的有形场所或领域，而且包括了交易双方及与交易双方联系密切的有关单位和组织之间的经济联系；不仅包括了直接的运输经济活动，而且包括了间接参与的运输经济活动；不仅是自成体系、静止的、被动地作为市场细分的一种，而且是与国民经济大市场和其他市场广泛联系的、处于动态之中的、对运输经济活动具有一较大反作用的体系。

运输交易活动中。运输劳务的供给者与需求者之间的联系是复杂多变的，它不仅涉及运输供求双方的经济利益联系，而且涉及运输供求之间的各种非经济的社会联系。运输交易活动的变化，不仅关系到运输供求双方经济利益的重新分配，关系到利益间的冲突与协调，而且也关系到与运输供求联系密切的市场行为调节者的经济利益关系。在当前实行的社会主义市场经济条件下，要求通过市场对社会资源起基础性优化配置作用，政府经济管理职能将转化为宏观间接调控为基本运行框架。政府必然对运输市场采取一定的调节手段，这种调节手段的有效发挥，源于运输对发展国民经济先行的基础上，同时也是为了保证国家的利益。当运输政策、制度、运输产业结构及各类运输市场所涉及的经济参数（如税率、费率、利率、运价等）发生变化或给予适当调整和修订时，必然会影响国家、地区、运输劳务供给者与需求者等多方面的经济利益。如果再深入一步分析，则由于交通运输所涉及的行业领域的分散性和广泛的社会联系，这种利益关系的影响同样会涉及国民经济的方方面面和经济、政治、文化生活的各个领域。

根据运输市场这样的一种解释，从经济学角度来分析。首先要把运输市场作为一种经济关系。体现出运输市场中各行为主体的经济联系，从而把握运输市场的本质，这是进一步研究运输市场体系的基础。另外从组织运输市场营销角度来分析，应该看到，运输交易活动过程中所反映出来的经济活动现象有许多，如运输市场调查与预测、货源客源的组织、运输交易方式的选择等，这些经济现象都是伴随着运输劳务交换必然发生的，或者说是构成了运输劳务交换过程中的具体物质内容。如果没有市场调查与预测，就不可能正确了解运输市场，运输劳务交换就处于盲目化状态；没有货源客源的组织，运输劳务交换就无法实现；没有合理的运输价格就会使运输市场缺乏一个合理的补偿尺度，会发生非等价的运输劳务交换等。运输市场经济活动现象越复杂，对运输市场管理的要求也就越高。

3. 运输市场是指运输劳务现实的和潜在的需求者的集合

这是站在运输劳务供给者角度，以运输需求为研究对象来理解的。对于不同的运输经营单位而言，把现在和未来一段时间有运输劳务需求的用户及与运输活动密切相关的其他服务（如装卸搬运服务、储存服务等）的单位（集体或个体）看作该经营单位的市场，即以对运输市场的此种理解为前提。同样，这种理解也作为组织运输市场营销活动和进行市场营销管理，提高企业市场竞争能力的概念基础。

从这一观点出发，不管对于货物运输市场、旅客运输市场，还是对于与其有关的运输辅助服务市场等，一般都认为运输市场规模大小取决于三个方面的因素，即运输需求、单位数、运输劳务的购买力和运输劳务的需求趋向。这三个因素本身又具有更深层次的内涵。研究运输市场规模，必须在对每个因素进行分析的基础上，综合两方面因素对市场影响的合力所在。以指导运输市场结构的调整与优化。

以上三种关于运输市场概念的解释，并不是完全对立的，相互之间有一定的互补性。它们之间差异之处在于各自解释的出发点、侧重点及对运输市场理解的广度有所不同。第一种解释只是从阐述运输市场劳务交换的场所和领域角度考虑，属狭义理解，比较具体、形象；第二种解释从商品交换活动所产生的各种经济关系和经济活动现象入手，把握了市场的本质内容，属广义理解；第三种解释则是站在运输经营单位促进市场营销活动的角度，以运输需求为研究对象，同样属狭义理解。

二、运输市场特征

运输市场是整个市场体系的一个重要组成部分。由于运输生产过程、运输需求过程及运输产品的特殊性，运输市场除具有一般市场共性外。也具有区别于其他产品市场的特殊性。运输市场的特征可概括为以下 5 个方面。

1. 运输产品的生产、交换、消费的同步性

在其他的商品市场上，产品的生产、交换和消费都是相互独立存在的，商品的购买、出售、消费构成一个整体循环过程，并分为三个阶段。而运输市场则不同，其产品经营者同时也是产品生产者，其生产过程同时又是消费过程，这就形成了生产、交换和消费同步进行的特征。当然，运输产品的交换过程也包括信息收集、组织货源、安排运力、进行运费结算及运输服务等过程，但这些只是运输生产过程和运输产品交换过程的组成部分。

2. 运输市场的非固定性

运输市场没有有形产品，也不像其他工农业产品市场那样有固定的场所和区域来出售商品。工农业产品市场可以在固定场所一手交钱一手交货，即时完成商品交换过程，而运输市场很难使运输交换过程在固定的场所完全实现。运输活动在开始提供时只是一种"承诺"，即以客票、货票或运输合同等作为契约保证，随着运输生产过程的进行，通过一定时间和空间的延伸，在运输生产过程结束时，才将客、货位移的实现所带来的运输劳务全部提供给运输需求者。整个市场交换行为，并不局限一时一地，具有较强的广泛性、连续性和区域性。如公路运输市场是由站点和线路在很大的范围内组成的，其生产和交换实质上是在线路上流动完成的。虽然公路客货运输过程中有起讫站点，并且在站点装卸货物和上下旅客，但这只是全部交换活动的一部分，而离开了线路，就不能实现运输劳务交换，所以公路运输市场具有显著的非固定性。

3. 运输需求的多样性

运输活动以运输劳务的形式服务于社会，服务于运输需求的各个单位、组织或个人，由于运输需求者的经济条件、需求习惯、需求趋向等多方面存在比较大的差异，必然会对运输劳务或运输活动过程提出各种不同的要求，从而使运输需求呈现出多样性特点，其主要表现在以下 5 个方面。

（1）时间性要求：按时或迅速使旅客或货物运达目的地。

（2）方便性要求：要求乘车方便，托运货物、提取货物容易方便，各种旅行标志易于识别，购票方便，运输服务周到热情等。

（3）经济性要求：要求运输需求在满足需要情况下，便宜经济。

（4）舒适性要求：对旅客运输而言，一般会要求乘用车辆舒适。

（5）安全性要求：要求运输过程中必须首先满足旅客或货物的安全移动。

运输需求的多样性还表现在各种运输方式之间的选择上，以及在对运输工具、服务方式、手段等多种选择上。

4. 运输供给的分散性

适应运输需求的多样性以及我国交通运输在管理上存在的各种运输方式基本上各自为政，缺乏大交通的系统规划和指导等多种原因的影响，使运输单位之间离散系数比较大。缺乏系统的整体规划与协调，存在不平等的竞争关系。以及存在各种运输方式的不同运输企业，具有不同的经济成分和经济结构等。其主要表现在以下 3 个方面。

（1）多种运输方式向社会各方面提供运输劳务，并且各种运愉方式之间的劳动分工与联系主要依据各自的运输条件（如运输工具、道路、地理条件和气候条件等）、运输需求单位的有向选择以及国家的运输经济政策和非经济性的运输行政管理规则等因素的共同作用而形成。但各种运输方式基本上各自为政的现实，在运输劳务的供应上具有很大的盲目性。本位利益容易诱发各种运输方式的运输企业之间、管理部门之间的相互攻击，形成"公说公有理，婆说婆有理"的分散格局。

（2）存在多种经济成分和多种经营形式的运输经营单位，既存在国有大中型运输企业，又有全民所有制、集体所有制的小型企业和私营企业及个体运输等；既存在专门从事公路运输的企业，又有贯穿于社会生产全过程的产运销联营企业和专门从事某项运输活动的运输企业或单位，如粮食、化工、钢材、外贸、大件等运输活动；既有国内企业，又有中外合资企业；既存在营业性运输。又存在非营业性运输；既存在区域运输，又存在专线运输等，构成了运输经济活动的多成分性和复杂性。它们之间虽存在有关业务上的可能联结，但这种关联的程度是比较小的，至少在以前一段时间和目前是这样，缺乏行业的统筹安排和大交通的系统规划，形成运力分配的不均衡，盲目消极竞争较为严重，从而制约了国民经济、地区经济的发展。这也是目前强调运输市场的宏观调控、增强运输市场的调节机能和加强我国综合运输体系建设的一个重要原因。

（3）在不同的运输供应单位内部，同样存在运力供应的分散性。即由于企业内部所拥有的运输工具的不同、服务方式的不同、受经营区路网的限制等，便形成运输劳务的不同供给形式。

5. 运输供求的不均衡性

市场管理的主要目的之一在于谋求市场供求的均衡发展，价值规律的作用在一定程度上促使市场供求的均衡发展和供求双方矛盾的调和。

运输市场是一种特殊的市场。由于运输需求的多样性、运输供给的分散性及运输业的"超前发展"和先行地位，以及现有的运输市场管理办法、措施和手段的限制等决定了运输市场在供求上的不均衡性，况且运输的"超前发展"和先行地位也要求运输能力应该有一定的储备（经常储备和临时储备）以适应经济发展中的不断变化的需求。完全做到运输市场的均衡是不可能的。但可以依靠运输市场调节机能的有效发挥，凭借敏感的价值规律自动反馈和调节系统，使运输市场在供求上力求趋向平衡或使不平衡的差值限制在一定的可行范围之内。运输市场在供求上的不均衡性主要表现在以下 4 点。

（1）首先表现在目前交通运输薄弱环节上。即交通运输依然未能完全满足国民经济和社会发展的需要。从总体上看，运输需求远远大于运输供给。

（2）各种运输方式之间在供求关系上存在比较大的差别。

（3）在公路运输市场中，存在着争抢热线、干线，而不跑支线、农村班线的现象，在节假日、旅行旺季，也会出现运输供应不足的情况。造成这种情况的原因主要是货流和客流的分布特点所引起的如货流在方向上、时间上、干线与支线上的不均衡性，必然会增加货物运输在方向上、时间上和干支线上均衡运输的难度。

（4）运输市场是不断发展和变化的，运输市场的特点也在随时间的变化而变化。不同的历史时代，在不同的历史环境下，运输市场也有其不同的特点。

三、运输市场的结构

运输市场体系作为一个开放的、运动着的庞大系统，本身的构造既存在着横向结构系统，又存在着纵向结构体系。其结构内部所拥有的相互联系、相互贯通、相互依存、相互制约的复杂的经济关系，是运输市场体系形成的基础。

（一）运输市场构成要素

一般情况下，存在运输供给方和运输需求方，有可供交换的运输劳务，有供需双方都可以接受的运输价格及其他条件，就可以形成现实的而不是观念上的运输市场。

1. 运输市场主体

所谓运输市场主体，是指运输市场行为的发出者或单位，或者说，运输市场主体是指监护运输劳务进入市场并发生市场交换关系的当事人。无论有形商品还是无形商品，都不会产生自动的交换关系。而商品的流动无一不体现着当事人的意愿。这种意愿的体现反映了以经济利益为基础的权利关系，当事人之间的意愿交换，体现为合法经济权利的相互让渡关系。运输市场主体的存在是构成运输市场的基本要素。

由于社会经济的不断发展，运输市场规模的扩大，使运输市场主体之间相互依赖和相互联系的程度不断增加。运输市场主体可分为运输供给主体、运输需求主体和运输中介服务主体三大部分。

运输供给主体是指提供运输劳务的单位（或当事人），如汽车运输企业、船舶运输企业、铁路公司、航空公司及个体运输专业户等。

运输需求主体是指旅客或货主。运输需求主体参与市场活动的主要目的有两个：一是通过运输劳务获得其效用的满足，如旅行活动、探亲访友、实现货物的时空效用等；二是在考虑运输效用满足的同时，追求经济性，即用较少的代价获得运输效用的满足。在市场经济条件下，运输需求主体的上述行为目标是同时并存的，缺乏其中任何一个，其行为将是不正常的。

运输中介服务主体是指介于运输供给主体和运输需求主体之间并为之服务的运输市场中间组织，如货代公司、船代公司、客运中心、配载中心、运输交易所等。国内目前的联运企业也类似于中间商组织。运输市场中间商组织往往具有双重身份，即有时以运输需求者身份出现，有时又以运输供给者身份出现。作为独立的市场经济组织，运输中间商依靠服务于供需双方来参与运输市场活动并同样以追求自身经济利益为目标。

运输市场主体之间的相互联系及相互影响如下图所示。

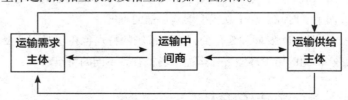

图 4-1-1 运输市场主体之间的联系与影响

由于运输劳务在各种运输方式之间存在有一定的替代性，尤其是在运网布局合理、齐全和较为发达的情况下，运输劳务的替代性就非常强，这一方面意味着运输市场竞争在各种运输方式之间表现得比较激烈。同时也意味着运输供给主体之间，运输中间商之间的相互影响和相互依赖的复杂关系。按照这一思路，运输市场主体结构也存在一定的层次划分，如下图 4-1-2 所示。

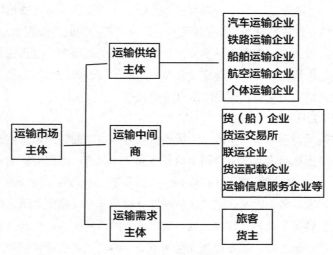

图 4-1-2 运输市场主体的构成

2. 运输市场客体

所谓运输市场客体，是指运输市场主体之间发生经济关系的媒介物。或者说，运输市场客体是指运输市场主体之间发生交换关系的载体。因为运输市场主体之间的经济关系是通过运输市场客体运动表现出来，所以运输市场交易双方意愿的承担者（即运输劳务）成为市场经济关系的媒介体。

由于不同运输方式所提供的运输劳务在质量特性方面的差异，我们可以把运输劳务划分为铁路运输劳务、内河水运劳务、远洋运输劳务、汽车运输劳务、航空运输劳务等。它们之间相互影响、相互替代的特征，使它们紧密联系在一起，从而构成运输市场客体结构的主要内容。

运输劳务是运输供给与运输需求相互结合的产物。没有运输供需的结合，也就没有运输劳务。我们通常将运输市场划分为铁路运输市场、公路运输市场、航空运输市场、水路运输市场或旅客运输市场、货物运输市场、运输服务市场等，都是基于在对运输市场客体结构的不同理解的基础上而划分的。从此意义上讲，运输市场客体具有较为广泛的内容。

3. 运输市场交易时间

所谓运输市场交易时间，是指运输市场主体支配运输市场客体运动的时间量度。由于市场主体支配市场客体的物质运动过程与其价值运动过程的不完全相重合，而存在有一定程度上的时间差，也使运输交易因为时间差的存在而具有一定的风险性，此种运输交易即为远期运输交易。常见有合同运输、远期租船（飞机、汽车）市场等。其基本特性是"成交在先、交割在后"。间隔的时间差使运输交易的风险性增加。

相对远期运输交易而言的是运输市场的即期交易。由于运输需求对时效性的要求都较强，尤其是旅客运输，因此运输交易在时间上常表现为即时（期）性，即"一手交钱，一手拿货"的当即性。常见的有旅客运输中的即时购票上车（船、飞机），货物运输中的即时运输、即期租船（汽车、飞机）、即时包车（船、飞机）等。就货物运输而言，汽车运输具有机动、灵活、载货批量小、方便等特点，运输交易的即时性表现更强些。相比之下，铁路运输、海上运输由于一次载货批量大，货物有一定的聚集期，因而在交易时间上的远期性更强些。就总体情况而言，运输交易在时间上的不同表现是与运输供应状况、运输需求偏好、市场交易机构的完善程度等因素直接相关的。

4. 运输市场空间结构

运输市场空间是指运输市场主体支配运输市场客体运动的空间地域范围。运输市场空间结构则是指运输市场因素在地域空间上的分布和关联状态。不同的运输方式，由于受到运输基础设施、运输工具的技术性能的不同影响，而呈现出不同的空间分布结构。铁路运输、航空运输、海上班轮运输、内河运输往往呈线型分布状态，公路汽车运输往往呈面上分布状态。同样由于受到经济区划、行政区划、国界区划的不同影响，运输市场在空间上构成可分为地方行政性运输市场、地方经济性运输市场、国内运输市场和国际运输市场。运输市场空间反映了市场主体支配市场客体空间运动的外延性，其外延性大小取决于相关空间范围运输市场管理部门或政府对运输业开放的程度。随着国内开放政策的不断实施，将有利于不断打破地方封锁和部门分割，地方性运输市场将不断向国内统一的运输市场过渡。另外，随着国际交往和国际贸易的不断发展，我国运输企业参与国际运输市场竞争也不可避免，尤其是国际航运市场、国际空运市场、汽车出入境运输市场及大陆桥运输市场等。

（二）运输市场分类

根据研究目的的不同，运输市场可分为以下 6 类。

1. 运输基本市场和运输相关市场

运输市场按服务对象和性质划分为运输基本市场和运输相关市场。

运输基本市场是以运输旅客、货物为服务对象，并直接向旅客、货主提供运输劳务为主要形态的市场。

运输相关市场是指与运输基本市场相互影响、相互作用、相互依存而不能单独存在的市场。它可划分为直接相关市场和间接相关市场。直接相关市场包括运输车辆租赁市场、租船市场、包车（船、机）市场、运输信息服务市场、装卸和搬运市场、货物储存保管市场等。间接相关市场包括运输设施建筑市场、运输设备买卖市场、运输设备维修市场等。间接相关市场的服务对象不是旅客和货主，而是运输经营单位，从市场形态上不完全属于运输劳务市场，而分别属于建设市场、工业品市场、技术市场和其他性质的服务市场。从此意义上讲，我们所研究的运输市场只要包括运输基本市场和运输直接相关市场两大类。

2. 客运市场和货运市场

运输市场按运输对象划分为客运市场和货运市场。

客运市场按范围可划分为城间和城乡客运市场、城市客运市场、旅游客运市场、国际客运市场等。按经营组织方式可分为班车（线、轮）客运市场、包车客运市场、城乡公交客运市场等。

就道路客运市场来看，其经营形式有定线定站式、不定线不定站式和定线不定站式三种基本形式。

定线定站式，即营业线路固定、旅（乘）客上下车地区固定，在运输干线上为大量旅（乘）客服务的运输经营形式，可采用大型车辆，其乘用经济性明显，是道路客运的主要营运形式。缺点是乘车方便性差，在其沿线各停车站与乘客出发地或目的地之间，需要转乘或步行。

不定线不定站式，主要指出租车运输形式，其营业线路与旅（乘）客上、下车地点均不固定。其特点是可以较充分满足人们"门到门"的运输需求，并且可以作为其他经营形式的辅助形式和延伸。其缺点是乘用费用较高。

定线不定站式，即营运线路固定，但旅（乘）客上下车地点不固定，是一种小型辅助客运形式。此种形式的乘车经济性、舒适性及方便性介于前两种营运形式之间。其主要功能是对定线定站式的补充与延伸，方便旅（乘）客。

货运市场按货类不同可划分为液体（油、气）货运市场、干散货运市场、件杂货运市场和特种货运市场等；按经营组织方式不同可划分为零担货运市场、集装箱货运市场、快件货运市场等。

3. 国内运输市场和国际运输市场

运输市场按运输范围和区域划分为国内运输市场和国际运输市场。对不同的运输方式而言，由于其运输经济运距的限制，其运行范围也就受到影响。如航运由远洋运输市场、近洋运输市场、沿海运输市场和内河运输市场等组成。就汽车货物运输而言，也可以划分为省、市内货运市场，区（如西北、西南、中原等）运输市场，国内运输市场及出入境口岸运输市场等。由于公路汽车运输的特殊性，以及世界贸易组织（WTO）并未就公路运输市场开放的国际化达成一致意见，因此公路运输市场的对外开放往往受到各国政府不同程度的限制，增加了国际公路运输市场形成的难度。目前，我国政府对公路汽车运输的国际化问题往往通过与其他相邻国家政府签署汽车运输双边（或多边）协定来加以解决。从而形成我国公路运输市场走向国际化的第一步。所以，公路运输市场从空间范围上来划分，一般不列示国际公路运输市场，而只提口岸运输市场或涉外运输市场。

4. 竞争性运输市场和垄断性运输市场

有市场必然有市场竞争。市场竞争的态势和程度受许多因素的影响。一般来讲，市场上的买者和卖者数量越多，竞争程度越激烈；交易者的数量越少，竞争的程度越小；参加交易的商品或劳务的差异越小，竞争程度越大；商品或运输劳务的差异越大，则竞争的程度越小。

根据经济学的分析，按照市场竞争态势和程度的不同，运输市场可划分为竞争性市场（完全竞争的运输市场、不完全竞争的运输市场）和垄断性市场（寡头垄断的运输市场和完全垄断的运输市场）。

5. 运输买方市场和运输卖方市场

运输市场按运输市场供求状况划分为运输买方市场和运输卖方市场。

运输买方市场的基本特征如下。

（1）在这种运输市场上，运输供给大于运输需求。

（2）由于运输市场供大于求，所以运输供给方竞争激烈。

（3）由于竞争不外乎有两种途径，即价格竞争和非价格竞争，其中非价格竞争以质量竞争为核心，所以运输供给方激烈的竞争，必然对运输需求方（又称买方）有利，运输供给方竞争的结果使运输需求方受益。

（4）运输买方市场又称为运输需求者主权市场。

与运输买方市场相对应的是运输卖方市场，其基本特征如下。

（1）运输市场呈供小于求状态。

（2）运输需求方竞争激烈。

（3）市场对运输供给方（即卖方）有利。

（4）也称为运输供给者主权市场，即运输交易方式、交易价格和其他运输交易条件受运输供给者影响较大。

由于运输买方市场是一个有竞争的市场，有利于运输资源的优化配置，有利于运输专业化水平和运输社会化程度的提高，因此建立适度的运输买方市场就成为国家完善运输市场的一项战略取向。

（三）运输市场体系

运输市场体系是相互联系的各类运输市场的有机统一体。从运输服务的微观角度出发，它是由客运市场和货运市场为主要内容的运输基本市场所组成。从运输服务的宏观角度出发，它包括运输基本市场及与运输基本市场相关的并促使运输基本市场运行和完善的其他直接相关市场，如运输信息服务市场、车船租赁市场、装卸搬运市场、货物仓储市场、车船修理市场等。

在整个运输市场体系中，运输基本市场和运输直接相关市场是运输市场体系的支柱。而其他间接相关市场，如车（船、机）买卖市场、运输设施建设市场、运输工具技术服务市场等则是为基本市场服务的专业性市场。整个市场之间相互制约、相互依赖、相互作用和相互促进，从而带动整个运输业的运行和发展。

运输市场体系见图4-1-3。

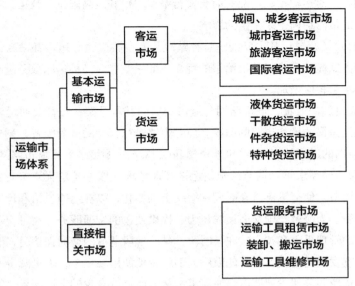

图 4-1-3 运输市场体系构成

第二节　交通运输市场供需均衡分析

一、城市交通运输供需均衡分析

在运输市场的大背景下，我国经济迅速发展，运输总供给和总需求之间很难保持一致。"绝对均衡"状态很难达到。近几年，随着人们的生活水平日益提高，私家车成为必然趋势。地面城市公交是客运交通运输的主要承担者，自行车、摩托车、出租车的需求量远少于城市公交。发展严重滞后的城市轨道交通运输需求量较为低下。货运方面，由于运输市场监管不严，交通政策调控失灵等，导致运管和货运人权力利益化，超限、超载不断膨胀。非专业化、过度分散的货运体制，不仅造成社会货运运力和成本的巨大浪费，使货运资源配置达到最低。

我国交通运输非均衡的供需表现，不仅导致道路容量分配上的严重失衡，进而带来了交通运输的严重拥挤和阻塞。同时，如此多样化、竞争化发展的交通运输方式也给需求和供给的均衡造成影响。如何保证运输方式多样性状态下，提高交通运输有效供给能力，有效地满足运输需求是我们应加强研究和思考的。

二、运输市场供需均衡调节机制

（1）价格政策调节；政府作为宏观调控的主体，保证竞争的公平有序，保证消费者

51

和生产者的利益，对运输市场产品有时会实行最低限价和最高限价的政策，这些政策往往会对运输市场的供需均衡带来一定的影响。

（2）财政政策调节；其主要措施有补贴政策和税收政策。运输补贴政策是各国为了维护某种运输方式能够正常经营所给予的优惠。如果政府多某种运输服务进行补贴，则运价会降低，需求量相应增加。

（3）交通设施的改良；城市路网是城市交通的基本骨架，改善交通运输供需不均衡问题，不能肆无忌惮的增加道路的面积。应对道路进行合理的资源配置，划分道路等级进行匹配，提高路网的运行效率，节约土地资源和成本，最大限度地发挥城市路网系统的功效。

（4）交通运输需求管理调节；交通运输管理需求管理主要是从需求上采用相应的政策或技术进行调节，使运输需求在时间和空间上均衡化，以在运输供给和运输需求间保持一种有效的均衡。为缓解我国交通运输压力、提供便民的交通服务。通过交通政策导向作用，运用一定的管理手段和技术，在某时段，某些地段造成的交通拥挤时，必须均衡交通流量。从可持续发展的角度，尽可能鼓励人们较少地使用私家车，力求减少不必要的出行需求。通过有效地调节和治理城市交通需求，从而能够以最少的交通需求总量保障城市社会经济活动和居民生活需要。

第五章　交通运输项目经济评价

第一节　可行性研究与经济评价

（一）如实做好建设项目前期工作，不断完善项目评价方法与参数

在项目的投资决策中可行性研究本来应起到举足轻重的作用，但由于各种原因，一段时期以来，有的将可行性研究搞成了上项目的脚踏板，究其原因，主要是投资体制还不完善，企业还没有真正的自主权。我国的投资体制改革，开始是投资主体只有国家一个，项目所需资金都靠国家拨款建设，而后改为"拨改贷"，成就了相当多的无本经营企业，企业产权界限不清，管理者权、责不明，利润要上缴，投资伸手要，拨款也好，贷款也罢，只要能拿到钱就可以上项目，企业就有可能在规模上更上一层楼，造成了严重的后遗症；自 1986 年国家实行了资本金制度，这种情况才开始扭转，投资主体才开始逐步形成多元化的投资主体。

在体制改革不断深入的今天，国家正在并继续改革项目审批制度，投资主体多元化的格局已经形成，国有企业的改革也在进一步深化。上项目者必须自主决策，投资者要对自己的投资行为负全面责任，在充分做好建设项目前期工作的基础上，做到建设项目"三个不建"，即建设项目没有可行性研究报告不建，项目可行性研究报告经济评价不充分不建，项目经济评价效益不达标准不建，只有这样才能如实反映项目的真实效益，做出合理决策。

多年来，国家有关部门对可行性研究报告及项目经济评价方法与参数作了一些详简不同的规定，原国家计委和建设部于 1993 年 4 月联合颁发的《建设项目经济评价方法与参数》（第二版），在指导我国建设项目经济评价工作，实现项目决策科学化方面发挥了巨大作用，在当时条件下，更贴近了社会主义市场经济的要求，使我国建设项目经济评价方法和理论向前迈进了一大步，随着改革的不断深入发展，金融、投资、财税等方面的改革力度进一步加大，对经济评价工作提出了更高的要求，这就需要技术经济工作者适应新形势，进行新的思考和探索，去研究和解决新的问题，随着我国加入 WTO 的临近，研究如何与国际接轨，从大的方面看，有可行性研究报告的结构、市场分析的重点内容、方案比选的方法、资金筹措方案的研究和项目风险的分析等；从细节方面讲，评价指标体系的完善和

简化、评价基准的确定、计算价格的选取、重要计算参数的选取等方面的问题都有值得进一步探讨之处。目前，前期工作评价指标体系中，主要包括投资利润率、投资利税率、财务内部收益率、投资回收期、净现值等五项经济效益评价指标，主要存在两类问题：一是评价指标不合理。投资利润率、投资利税率指标过高，如石油行业分别为17%、20%，天然气分别为10%、12%，此指标是所得税前的评价标准，实际测算中，90%的老油田滚动开发项目都达不到指标要求。二是财务内部收益率存在局限性，当项目建设期、生产期不相同时，财务内部收益率指标没有可比性；同时在项目的经济评价测算中，对于非常规项目，存在同一个项目出现多个内部收益率或没有内部收益率的情况，缺乏指导意义。总之，项目经济评价方法需要进一步加以完善，应将所得税前的指标用于与行业标准比较，决定项目取舍；所得税后指标基本能够反映项目实际运行结果，用于指导和调整项目的实际运行。同时，根据行业实际情况和积累的数据、资料，组织力量对各行业评价参数指标进行修订并公布实施。

（二）风险分析应作为可行性研究报告强调的重点内容

当前可行性研究的内容和深度已由法规性文件予以固定下来，目前国内高技术产业化项目的可行性研究报告已设有风险分析专篇，而一般的工业项目的风险分析却重视不够，尤其对市场、投资以及经济效益方面可能出现的各种情况以及项目的影响程度分析预测不够，导致许多项目实施后实际数据与可研出入很大，甚至完全失实。尽管可研报告中做了敏感性分析，并显示项目效益对一种或几种不确定因素相当敏感，但决策者认识不够，依据方案内部收益率和还款期的大小进行决策，显得过分简单，容易导致失误，造成无可挽回损失。投资项目的建设要耗费大量资金、物资和人力等宝贵资源，且一旦建成，难于更改，因此投资项目的风险防范和控制更显重要。为了有效地防范和控制风险，越来越多的人已经认识到不仅在投资项目的前期工作中需进行风险分析和风险对策研究，更重要的是在项目实施过程及经营中应有效地进行风险评价和风险分析。因此当前增强风险意识，强化风险分析，重视风险分析的结果是市场经济下做好项目前期工作所必需的。

从经济风险分析来讲，这不等同于经济评价中一般意义的不确定分析（盈亏平衡分析和敏感性分析），应从不同的角度，分析各种风险因素变化的可能性，并相应分析对经济效益的影响状况，且应多着眼于不利的因素及其带来的不利结果。影响项目经济效益的风险因素很多，如汇率风险、市场和价格风险、原材料供应风险、通货膨胀风险、开工不足风险等，不同行业，不同项目以及项目前期的不同阶段可能不完全相同。而且风险因素具有层次性，应深入分析，以识别最基本的风险单元，这样才能有针对性地防范风险。例如，我们认识到某项目的市场风险较大，是什么因素造成的呢？是国内市场还是国外市场？是价格问题还是市场需求量的影响？如果是市场需求量的影响，要分析是经济环境问题还是替代品的出现？竞争力又是如何等，只有层层剖析，才能找出关键风险因素。风险分析应该定量与定性相结合，以定量为主，如果投资者有足够的风险意识，就算借助于敏感性分析的结果，也能粗晓项目风险，做出科学决策。例如，敏感性分析结果显示，产品价格降低 5% 时，IRR 就低于基准值了，表明项目的价格风险较大，决策时应十分慎重，至少要对价格进一步研究，着重分析价格降低 5% 的可能性，有条件时应进行概率分析。但如果决策者对这么重要的价格风险提示置若罔闻，后果可想而知。如果项目评价及其风险分析都以科学的数据说话，建设项目的决策失误就将会大大减少。

（三）投资项目有关各方面的共同努力是编制好可行性研究报告的必要前提

可行性研究报告一般是由咨询单位完成，有理由要求咨询单位客观、公正、实事求是，但在实际上要做到这一点却困难重重。咨询工作受到各方面的制约，一是审批限额的存在，导致为了将项目的审批权留在地方，不得不压低投资（比如控制在多少万元以内），特别是将流动资金作为调节投资大小的"砝码"，导致流动资金准备不足，甚至影响项目的生产经营。其次是为了要把项目争到手，不得不夸大项目的效益，模糊项目的风险，这些制约的因素主要在业主，而不是咨询单位本身；再者若是对于依托老厂的项目，需要老厂的现状资料以及对有无项目状况的预测，这些工作都必须要由业主来完成。同时，各级主管部门和审批机构握有项目的"生杀"大权，对促进项目前期工作的健康发展起着举足轻重的作用。总之，做好投资项目可行性研究报告是有关各方面的共同责任，也只有各方面都采取实事求是的态度，可行性研究才能给出客观公正的结论。

（四）正确对待市场与价格的预测

对于一个具体建设项目特别是经营性项目来说，市场和价格就是项目存在的关键所在。财务评价的敏感性分析中，对经济效益影响最敏感的因素无疑就是产品销售价格，往往变化 1 ~ 2 种价格，项目就可能从不可行变成可行，一种不合理的价格体系将使可行性研究报告变成为可批性研究报告。因此，市场和价格的预测在经济评价中起着举足轻重的作用。市场走向和价格高低往往成为项目经济上是否可行的最重要砝码，预测的准确与否直接关系到经济评价结果的可靠性。

当前财务评价中，普遍采用现行价格或所谓生产初期的预测价格，这种提法与评价中简化计算以及反映相对准确性的原则是一致的，但往往差之毫厘、谬之千里，甚至导致完全相反的评价结果，究其原因，其一是目前我国市场经济尚不健全，不规范，市场经济的规律性不明显；其二是我国经济与国际市场尚未完全接轨，区域性强，产品价格波动大，特别是供求量相对较小的产品，价格的规律性更难掌握；再者，目前我国咨询机构缺乏必要的、完整的价格信息系统，仅仅依靠技术经济工作者经验进行判断，随意性较大，难以得到相对准确的预测结果。

在实际工作中，我们经常遇到这种情况，即一种产品的销售价格在短短几个月内涨落很大，甚至达到 50% 以上。同一个项目半年之内的财务评价结果可能截然相反，问题就在于产品销售价格预测。因此，要保持评价结果的科学性，且经得住时间的推敲，必须重视市场与价格的预测。要确定合理的预测价格，需要考虑多种因素，包括国内外市场走向、开工率，市场占有率、市场服务范围、区域条件、运输条件、外贸进出口情况、相关行业的情况、税收等，要制定合理预测模型，进行必要的概率分析，预测应该是有科学根据的预测，不能是随意和盲目的人为取舍。

《方法与参数》仅对价格作了原则性的说明，而对数据的测算、选取及具体应用并未加以详细说明。为了规范这方面的工作，保证评价的质量，应该增加这方面的内容或在有关实施细则中加以明确，并且规定在可行性研究报告中加深市场预测与价格分析的内容，描述必要的预测过程以及采用的数据和预测模型。

（五）通货膨胀及其影响应予以考虑

近年来，许多建设项目财务评价的失实，与过于简化评价影响因素是分不开的，通货膨胀就是其中很重要的基础数据之一。西方把通货膨胀作为项目评价中相当重要的基础数据之一，尽管在计算 FIRR 等盈利能力指标时，剔除通货膨胀因素，但通货膨胀对清偿能力的影响不容忽视。世界银行在项目评价中，把所采用价格分为其基价、现价和实价，这种划分很有道理，不同的价格有不同的用途，目的是真实地反映项目实际财务状况，使财务评价结果更趋于相对合理和准确。

无论是称为物价上涨因素，还是通货膨胀，既然存在，并且可能对财务评价结果产生重要影响，就应该予以考虑。

产品销售价格受两方面因素影响：一是供求关系；二是通货膨胀。如上所述，目前我国市场经济尚不规范，市场经济规律性不明显，这也会给通货膨胀和供求发展趋势等数据预测带来一定的困难，但随着加入 WTO 临近，中国经济毕竟要与世界接轨，项目的经济评价方法同样存在与世界接轨的问题。因此，在财务评价模型中考虑通货膨胀因素是必要的。

为了保证项目投资打足，便于资金筹措，在投资估算中考虑通货膨胀因素已被广泛认可和接受，但财务评价中其他价格水平如何考虑，在实际操作中理论与实践可能完全脱节，有人认为，既然预测困难，干脆回避，否则，可能更加虚假。但另一部分人认为，国内的项目评价与国外的差距，就在于回避的问题太多，仅考虑相对价格变化，以保证盈利能力指标的可比性，并不会由此造成实质性误差。但投资估算、资金筹措及清偿能力计算，又需要尽量与实际数据一致，特别是计算期内的前 5 年或 10 年更为重要，根据国家的宏观政策以及经济发展状况，上述期限内的通货膨胀率应该是可以预测的。

（六）清偿能力分析应给予重视

在项目评价中，一般以全部投资 FIRR 高低来判定经济上的可行性，人们对盈利能力分析的理解和接受程度要高于清偿能力分析。然而，清偿能力指标分析绝不能忽视。在项目实施过程中，清偿能力指标较盈利能力指标来得更为直观、清晰，一个项目如果背着沉重的债务包袱，那是极其危险的。

国内现行财务评价以最大还款能力计算贷款偿还期，仅是一种理论计算，与国际上通行的做法是不一致的，任何一项贷款，事先必须明确贷款条件，其中最重要的条件之一是还款期限，如果不能满足，则另选融资方式和途径，以最大能力计算还款期，实际上是未考虑任何风险因素，是一种理想的模式，在实施过程中一般是很难实现的。通常做法是根据还款期限等计算各年偿债额，再分析资金运用状况和清偿能力，偿债率指标就是在这种情况下设置的，它反映了债务偿还的保证程度。

清偿能力，势必联系到资金筹措。目前实行项目资本金制度，项目资本金制度要求，建设项目资本金的比例，根据不同行业和项目的经济效益等因素确定的，石油化工类项目为20%，对不同行业的各种经营性项目分别规定了三档资本金比例最低要求，分别为20%、25%、35%。实行项目资本金制度，对于保证项目负债在合理范围内，以及投产后在良好的财务状况下运转是有益的。但参照目前国内外实际情况，上述比例偏低，一般以不低于30%～40%为宜，而对于技术改造或扩建等由现有企业法人作为投资主体的项目，规定项目资本金的比例则意义不大，因为项目债务是企业法人的债务，由企业法人负责偿还，因此应对企业法人的资产负债情况加以限定，而不是对项目本身，如果一个企业尽管新项目全部依靠贷款建设，但是资产负债率仍维持在比较合适的水平；另一企业同样投资借款较少，大部分由自有资金筹措，而整个企业资产负债率很高，从清偿能力角度看，两个企业融资条件的优劣是很清楚的。清偿能力分析还包括许多指标，如流动比率、速动比率等指标体系。目前流动资金估算失实较为严重，很多项目投产后，因为流动资金不足，导致开工不足，甚至停产，这一问题应引起高度重视。

（七）国民经济评价亟待规范

对于一般的工业项目，在可研阶段进行国民经济评价已日趋减少，这与《方法与参数》的初衷是不一致的，大中型项目，特别是有关国计民生的大型项目，完全有必要从国民经济总体角度考虑，进行国民经济评价，对于非营利的基础设施项目，进行必要的国民经济评价更是必不可少。同时《方法与参数》有关国民经济评价内容亟待规范、补充和完善，应有专门的政府机构或由权威的社会中介咨询机构定期发布有关经济评价参数，供咨询机构使用。

（八）合理发挥技术经济人员的作用

投资项目的前期工作需要众多人员为之努力，其中技术人员的作用不可忽视，遗憾的是在不少项目的可行性研究过程中，技术经济人员似一台算账的机器，点到哪里，算到哪里，几乎没有自主权，同时，技术经济人员往往被要求在很短的时间内完成所有工作，以保证质量，还存在工作量与报酬不相配的问题。

要真正做好经济评价工作，技术经济工作者应具备以下素质：首先，要有强烈的责任感和事业心，过去基本建设中的一些重大失误，某种程度上是没有重视技术经济学和技术经济人才的结果,技术经济工作应深感责任重大。其次,要有较高的政策水平,对国家和各个地方的有关法规加以掌握和运用,如经济、法律、税收、投资政策等。第三,需要扎实的基础,广博的知识,可行性研究中技术经济人员担任重要的角色,工作涉及许多相关专业,许多咨询单位还委派技术经济人员担任可研报告的编制负责人,技术经济人员没有扎实的基本功是难以胜任的。第四,要善于调查研究和进行综合分析。经济评价的大量工作主要反映在调查研究阶段,各种基础数据的调查、预测、取定,集中反映了技术经济人员的综合分析业务水平的高低。经济评价结果的准确与否,主要取决于基础数据的可靠性,取决于技术经济人员的综合分析能力。一个好的评价软件可以提高工作效率,消除简单计算的错误,但绝不是万能的。作为一名优秀的技术经济人员,自己应该具备开发、消化和修改评价软件的能力,而不是被动地去使用软件。

第二节　交通运输项目财务评价

一、财务分析概述

1. 财务评价的对象和原则

(1)财务评价对象:

1)新建项目:以项目本身为评价对象

2)改、扩建项目:以企业为评价对象,考察项目对企业财务状况的影响。

(2)财务评价的原则

1)必须符合国民经济发展规划及产业政策,符合经济建设的方针、政策及有关法规。

2)必须建立在项目技术上可行、可靠的基础上。

3)只计算项目的直接费用和直接效益。

4)以动态分析为主,静态分析为辅。

5)财务评价的内容、深度及指标,应能满足项目审批建议书和可行性研究报告的要求。

(3)财务评价的目的

1)从项目或企业的角度出发,分析投资效果、评价项目投产后的盈利能力。

2)确定项目资金来源,制定资金规划。

3)优化建设时间、建设程度和投产时间等。

4)为协调企业利益和国家利益提供依据。

二、财务评价的内容与步骤

1. 准备

1）收集预测进行财务评价的基础数据（产量、成本、价格等）。

2）估算总投资、成本费用、财务费用，作资金规划。

2. 财务分析

1）编制财务报表。

2）根据财务报表计算各种财务评价指标，进行盈利能力和偿债能力分析。

3. 不确定分析

1）进行不确定性分析，预测项目风险。

2）编写财务评价报告。

三、运输项目财务评价的特点

运输项目财务评价的显著特点是不用计算道路使用者的经济效益。

国家和地方政府投资的项目：主要进行国民经济分析，考察项目以外的社会经济效益和成本，财务分析对项目的决策只起辅助作用。

收费偿贷项目：必须进行财务分析，重点分析收费标准和偿债能力。

下面以某公路项目来简要阐述交通运输项目的经济评价：

（一）项目概况

拟定本项目全线采用二级公路标准，设计速度 80Km/h。本项目全长 44.4Km，路基宽度 12m，路面为水泥混凝土路面。

（二）基础数据

1. 交通量

本项目拟改建公路及老路的未来特征年交通量预测见表 5-2-1。

表 5-2-1 未来特征年交通量预测结果 小客车·辆/日

路段名称	2017 年	2022 年	2027 年	2037 年
全线加权平均	5259	6164	7294	9556
增长率（%）				

2. 投资估算、资金筹措和工期安排

全线推荐方案投资总估算 426764.78 万元，平均每千米造价 4370.80 万元。具体内容见表 5-2-2。

表 5-2-2 投资总估算表

工程或费用名称		估算金额（元）
第一部分 建筑安装工程费		99，063，425
一	路基	25，769，926
二	路面	45，322，481
三	桥梁涵洞	19，038，015
五	交叉工程及沿线设施	2，043，871
六	施工技术装备费	1，572，208
七	计划利润	2，101042
八	税金	2，101，042
第二部分 设备工具器具购置费		28，586
一	办公及生活用家具购置费	28，586
第三部分 其他基本建设费用		32，387，494
一	土地、青苗等补偿费和安置补助费	14，607，246
二	建设单位管理费	4，773，797
三	建设项目前期工作费	2，729，926
四	专项评价（估）费	100，050
五	生产人员培训费	28，586
六	安全生产费	500，248
七	建设期贷款利息	9，661，936
第一、二、三部分费用合计		131，479505
第四部分 预备费		11448535
1	价差预备费	0
2	基本预备费	11448535
估算总金额		142，928，040
路线长度（Km）		44.4
平均每公里造价		3，219，100

项目资金来源：一部分由政府投资，一部分国内商业银行贷款，资本金比例不得低于总投资额的 25%。贷款利率 5%~8% 之间。本项目计划 2015 年 1 月开工，2016 年 12 月竣工，建设期 2 年。

3. 该项目所需人工及主要材料估算与到岸价格见表 5—2—3

表 5-2-3 人工及主要材料估算与到岸价格表

名称	单位	数量	口岸价格（元）	估算价格（元）
人工	工日	61521		16.78
原木	立方米	108	708	840
锯材	立方米	264	1212.60	1147
Ⅰ、Ⅱ级钢筋	吨	688	3000.66	3038
钢材	吨	178	5037.46	5880
水泥	吨	50878	365	380
石油沥青	吨	663	1998	2003
砂、沙砾	立方米	89635	37	40
片石	立方米	26115	30	39
碎（砾）石	立方米	198615	40	45
块石	立方米	4970	62	70

贸易费用率按 6% 计，铁路运输平均运距 785 公里，运价 0.09 元 / 吨公里，公路运输平均运距 25 公里，运价 0.6 元 / 吨公里。

投入的影子价格（到厂价）＝到岸价（CIF）× 影子汇率＋进口费用

4. 征地数量及费用见表 5—2—4

表 5-2-4 征地数量级费用表

土地类型	数量（亩）	最佳替代用途年净效益（元 / 亩）	净效益增长率	估算单价（元 / 亩）
水田	45	1200	2.5%	
旱地	50	825	2.5%	
果园	42	650	2.5%	
鱼塘	30	800	2.5%	
合计	167			10000（综合）

土地影子价格＝土地机会成本＋新增资源消耗

$$LOG = NB_0(1+g)^{\tau+1}[\frac{1-(1+g)^n(1+i)^{-n}}{i-g}]$$

其中：LOG——土地机会成本；

NB_0——基年土地的"最佳替代用途"的单位面积年净效益（元 / 亩）；

g ——土地最好可行替代用途的年均净效益增长率；

τ ——基年距开工年年数；

n ——项目占用土地的年限；

i ——社会折现率。

5．营运期费用

本项目评价基年公路养护小修费约为 5 万元 / 千米，在运营期内考虑 5% 的年均增长幅度。公路通车运营后每 8 年进行一次大修，本项目大修费按投资估算的 15% 计，大修当年不计日常养护费，本项目运营管理费为 400 万元 / 年，年增长率按 5% 计算。

（三）经济评价数据

1．社会折现率为 8%，财务基准收益率 5%~8% 之间。

2．交通事故率及损失费

本项目平均每宗交通事故的损失费用取 11500 元。

3．时间价值

经测算本地区 2018 年人均 GDP 为 16319 元 / 人年，2019 年为 19582 元 / 人年，到 2025 年，人均 GDP 为 28251 元 / 人年，2030 年为 37555 元 / 人，2035 年为 48094 元 / 人，2040 年为 52377 元 / 人，中间年份由内插求得。

4．汽车运输成本计算

汽车运输成本是国民经济效益计算的重要基础数据，它由与行驶距离有关的成本和与时间有关的成本两部分构成。

与行驶距离有关的成本包括燃油消耗、机油消耗、轮胎磨损、养护费用等。这些成本主要受路面平整度、纵坡等道路条件和速度、拥挤度等交通条件以及车辆性能的影响。

与时间有关的成本包括车辆折旧、司乘人员工资及福利、保险费、养路费、车船使用税、牌照税、管理费及其他相关税费。

按照费用与效益计算范围口径对应一致原则，国民经济评价汽车运输成本也应做调整。车辆运营成本调整应针对不同组成部分的特点，按照《办法与参数》所设定的原则分别进行调整，以经济费用作为计算国民经济效益的基础。

车辆运输成本的计算可以依据车速 - 交通量、运营成本 - 车速等模型进行计算。此外，交通事故费用等参数需要技术人员结合拟建项目实际进行测算。

目前，实际工作中一般可参照交通部公规院和世界银行联合研究完成的《Study of prioritization of highway investments and improving feasibility study methodologies pilot study report》（《公路投资优化和改善可行性研究方法》）中"道路及交通条件的汽车运输成本的影响模型"，在假定车速、平整度 IRI、坡度情况下，计算汽车运输成本。模型详见表 5-2-5。

表 5-2-5 道路与交通条件的汽车运输成本的影响模型

车型	成本	道路条件		交通条件	
		平整度（IRI）	平均纵坡（G%）	速度（s 公里 / 小时）	拥挤度（V/C）
小客 小货	燃料	0.979+0.0104*IRI	0.9586*exp（0.027*G）	0.291+24.26/s+0.000087s^2	1+0.14*（v/c） 1+0.51*（v/c）
	润滑油	0.804+0.0798*IRI		0.997+0.0471/s+0.0000003s^2	
	轮胎	0.751+0.1247*IRI		0.8699*s^0.03564	
	修理人工费	0.811*exp（0.11*IRI）-0.01		0.6215+18.92/s	
	修理材料费	0.702*exp（0.1779*IRI）-0.002		0.6215+18.92/s	
	折旧	0.702*exp（0.1779*IRI）-0.002		0.6215+18.92/s	
中货	燃料	0.990+0.0048*IRI	0.861*exp（0.129*G）-0.045	0.209+31.04/s+0.000068s^2	1+0.14*（v/c） 1+0.51*（v/c）
	润滑油	0.903+0.0487*IRI		0.973+0.271/s+0.0000088s^2	
	轮胎	0.943+0.0286*IRI		0.6867*s^0.0918	
	修理人工费	0.909*exp（0.0916*IRI）-0.091		0.178+41.11/s	
	修理材料费	0.85*exp（0.1789*IRI）-0.215		0.178+41.11/s	
	折旧	0.85*exp（0.1789*IRI）-0.215		0.178+41.11/s	

车型	成本	道路条件		交通条件	
		平整度（IRI）	平均纵坡（G%）	速度（s 公里 / 小时）	拥挤度（V/C）
大客	燃料	0.989+0.0058*IRI	0.861*exp（0.129*G）-0.045	0.341+24.64/s+0.000068s^2	1+0.14*（v/c） 1+0.51*（v/c）
	润滑油	0.912+0.0438*IRI		0.998+0.103/s	
	轮胎	0.941+0.0295*IRI		0.774*s^0.0627+0.011	
	修理人工费	0.819*exp（0.0962*IRI）+0.007		0.342+32.9/s	
	修理材料费	0.915*exp（0.046*IRI）-0.003		0.342+32.9/s	
	折旧	0.915*exp（0.046*IRI）-0.003		0.342+32.9/s	
大货	燃料	0.978+0.0109*IRI	0.9586*exp（0.027*G）	0.291+24.26/s+0.000087s^2	1+0.14*（v/c） 1+0.51*（v/c）
	润滑油	0.908+0.0458*IRI		1	
	轮胎	0.942+0.0288*IRI		0.8266*s^0.051-0.009	
	修理人工费	0.961*exp（0.0704*IRI）-0.106		0.429+26.78/s+0.000014*s^2	
	修理材料费	0.847*exp（0.1367*IRI）-0.113		0.429+26.78/s+0.000014*s^2	
	折旧	0.847*exp（0.1367*IRI）-0.113		0.429+26.78/s+0.000014*s^2	

　　速度是影响成本的重要因素之一，而速度本身又受线路等级、坡度、拥挤度等道路及交通条件影响。车速计算模型如下：

　　高速、一级公路：

$$\begin{cases} s = a \times \exp[b(v/c)^2] & (v/c) \leq m \\ s = a_1 \times \exp[b_1(v/c)^8] & (v/c) > m \end{cases}$$

　　普通公路：

$$\begin{cases} s = a \times \exp[b(v/c)^2] & (v/c) \leq m \\ s = a_1 \times b_1(v/c) & (v/c) > m \end{cases}$$

式中：s——车辆运行速度；

v——路段小时交通量，标准中型车；

c——路段小时通行能力，标准中型车；

m——车速收敛时 V/C 比；

a, b, a_1, b_1, m——系数，其值见表 5-2-6。

表 5-2-6　速度模型参数表

公路等级	车型	a	b	a1	b1	m
高速、一级公路	小客	96.6	-0.350	86.04	-0.648	0.8
	大客	79.1	-0.154	78.71	-0.559	
	小货	73.7	-0.160	71.93	-0.469	
	中货	68.3	-0.060	70.96	-0.455	
	大货	65.0	-0.150	62.38	-0.327	
	拖挂	61.4	-0.107	60.23	-0.291	
二级公路	小客	60.0	-1.42	65.1	-50.8	0.75
	大客	43.9	-0.86			
	小货	50.5	-1.11			
	中货	46.7	-0.97			
	大货	48.4	-1.04			
	拖挂	40.0	-0.70			

速度与运输成本模型如下：

通过数学回归分析，得到如下模型：

$$S = A*V2 + B*V + C$$

式中：

S—车辆运输成本（元/百车千米）

V—车速（千米/小时）

A、B、C 为系数，其值见表 5-2-7。

表 5-2-7 速度—成本模型系数

公路等级	系数	小客	大客	小货	中货	大货	拖挂、集装箱
一级公路	A	0.03135	0.0585	0.03615	0.05975	0.04915	0.0537
	B	-4.605	-8.32745	-5.0607	-8.6331	-6.93725	-7.6038
	C	276.83	484.27	298.645	473.19	445.73	504.085
原有二级公路	A	0.0332	0.0654	0.0392	0.0677	0.0565	0.0629
	B	-4.8425	-9.2029	-5.4583	-9.7073	-7.8551	-8.7458
	C	287.98	518.61	316.86	517.29	484.90	550.09

5．国民经济效益

各种效益的具体计算方法简述如下：

（1）降低运营成本效益（B_1）

此项效益计算公式为：$B_1 = B_{11} + B_{12}$

$B_{11} = 0.5(T_{1p} + T_{2p}) \times (VOC'_{1b} \times L' - VOC_{2p} \times L)365 \times 10^{-6}$

式中：B_{11}—拟建项目降低运营成本的效益（万元）

T_{1p}—"有项目情况"下拟建公路的趋势交通量（辆/日）

T_{2p}—"有项目情况"下拟建公路的总交通量（辆/日）

VOC'_{1b}—"基准情况"下，原有相关公路在正常交通量条件下的各种车辆的平均单位营运成本（元/百车千米）

VOC_{2p}—"有项目情况"下，拟建项目在总交通量条件下的各种车辆的平均单位营运成本（元/百车千米）

L—拟建项目的路段长度（千米）

L'—原有相关公路的路段长度（千米）

$B_{12} = 0.5 \times L' \times (T'_{1p} + T'_{2p}) \times (VOC'_{1b} - VOC'_{2p})365 \times 10^{-6}$

式中：B_{12}—原有相关公路降低运营成本的效益（万元）

T'_{1p}—"有项目情况"原有相关公路的趋势型交通量（辆/日）

T'_{2p}—"有项目情况"原有相关公路的总交通量（辆/日）

VOC'_{1b}—"基准情况"下，原有相关公路在正常交通量条件下的各种车辆的平均单位营运成本（元/百车千米）

VOC'_{2p}—"有项目情况"下，原有相关公路在总交通量条件下的各种车辆的平均单位营运成本（元/百车千米）

（2）旅客运行时间节约效益（B_2）

旅客运行时间节约效益通过客车在途时间价值计算，客车节约在途时间价值以乘车旅客旅行时间缩短可以多创造国内生产总值来计算，计算公式如下：

$B_2=B_{21}+B_{22}$

式中：

$B_{21}=0.5×H×（T_{1pp}+T_{2pp}）×（L'/S'_{1b}-L/S_{2p}）365×10^{-4}$

式中：B_{21}——使用拟建项目旅客节约时间效益（万元）

H——客车单位时间价值（元/车·小时），旅客时间价值见表5-2-8。

S'_{1b}——"基准情况"下，原有相关公路在正常交通量条件下的各种客车的平均速度（km/h）

S_{2p}——"有项目情况"下，拟建公路项目在总交通量条件下的各种客车的平均速度（km/h）

T_{1pp}——"有项目情况"下，拟建项目的客车正常交通量（辆/日）

T_{2pp}——"有项目情况"下，拟建项目的客车总交通量（辆/日）

$B_{22}=0.5×H×L'×（T'_{1pp}+T'_{2pp}）×（1/S'_{1b}-1/S'_{2p}）365×10^{-4}$

式中：B_{22}——使用原有相关公路旅客节约时间效益（万元）

H——客车单位时间价值（元/车·小时）

S'_{2p}——"有项目情况"下，原有相关公路在总交通量条件下的各种客车的平均速度（km/h）

T'_{1pp}——"有项目情况"下，原有相关公路的客车正常交通量（辆/日）

T'_{2pp}——"有项目情况"下，原有相关公路的客车总交通量（辆/日）

表5-2-8 旅客时间价值表

年份	车型	出行者人均时间价值（元/人·小时）	节约时间利用系数	平均每车人数	每车时间价值（元/人·小时）
2018	小客	6.93	0.58	3.90	15.68
	大客	6.93	0.41	15.20	43.19
2020	小客	9.08	0.58	3.90	20.54
	大客	9.08	0.41	15.20	56.59
2030	小客	16.26	0.58	3.90	36.78
	大客	16.26	0.41	15.20	101.33

（3）减少交通事故损失效益（B_3）

减少交通事故损失效益的计算公式如：$B_3=B_{31}+B_{32}$

$B_{31}=0.5（T_{1p}+T_{2p}）×（γ'_{1b}×L'×C'_b-γ_{2p}×L×C_p）365×10^{-12}$

式中：B_{31}——拟建项目减少交通事故损失效益（万元）

C'_b——"基准情况"下，原有相关公路单位事故平均经济损失费（元/次）

C_p——"有项目情况"下，拟建项目单位事故平均经济损失费（元/次）

$γ'_{1b}$——"基准情况"下，原有相关公路在正常交通量条件下的事故率（次/亿车千米）

$γ_{2p}$——"有项目情况"下，拟建项目在总交通量条件下的事故率（次/亿车千米）

$B_{32}=0.5 \times L' \times (T'_{1p}+T'_{2p}) \times (\gamma'_{1b} \times C'_b - \gamma'_{2p} \times C'_p) \times 365 \times 10^{-12}$

式中：B_{32}——原有相关公路减少交通事故损失效益（万元）

C'_b——"有项目情况"下，原有相关公路单位事故平均经济损失费（元/次）

γ_{2p}——"有项目情况"下，原有相关公路在总交通量条件下的事故率（次/亿车千米）

6．财务分析

（1）财务收入

年收费收入＝当年交通量 × 行车里程 × 收费标准 ×365

年标准车型小客车收费标准为 0.4 ～ 0.8 元/车公里之间，以后每五年调整一次，年平均增长率为 2%。

（2）财务费用：见投资估算

（3）所得税：按利润的 25% 计算。

第三节　交通运输项目国民经济评价

一、概述

交通运输在国民经济中有着举足轻重的地位，它把社会运行中的生产、分配、交换与消费这些环节有机联系起来，确保了社会经济活动能够正常进行和发展。曾任交通部部长的黄镇东提出交通运输是对国民经济发展具有全局性、先导性影响的基础行业；交通建设的滞后状况是国民经济加速发展的主要制约因素；加快交通建设步伐是国民经济和社会发展的迫切需要。

二、交通运输和国民经济相互影响

（一）交通运输与国民经济关系的理论研究

在交通运输发展与国民经济相互作用的过程中，国民经济的发展伴随着交通运输业的演进。20 世纪末，大量有关运输发展的研究，不论国内外普遍集中在伴随经济发展的交通运输发展形态的变化上。荣朝和通过研究各国不同工业化发展水平背景下的交通运输发展，提出了运输化这一理论。他将交通运输的发展阶段划分为与前工业化、工业化和后工业化分别对应的前运输化、运输化和后运输化阶段，并对每个阶段普遍存在的各影响要素如交通运输工具、运输量、对象和能耗等方面，进行了系统的纵向分析和横向归纳总结。格鲁贝勒通过用美国的五种运输方式基础设施的网络增长长度来验证运输技术之间的替代关系。

在运输化理论的基础上，韩彪提出的"脉冲式"理论将现代社会中的出现在交通运输发展各个阶段的现象分成"渐变"和"剧变"两类形式，这两类形态相互交替着并对交通运输的发展具有主导作用。而熊永均纵观国外各国铁路的发展史，从交通运输成本角度进一步发展了运输化理论——"阀值"理论，将交通运输的发展与国民经济的关系用运输成本的变化趋势阐释出来。荣朝和（2001）将运输化理论及有关由此进一步研究提出的"脉冲式"理论和运输成本阈值理论分析总结、系统回顾，并统称为一系列关于交通运输发展的"运输化理论"。

从经济学的广义上来看，交通运输的结构性变化是一个国家国民经济发展的必然结果，这就是说交通运输的发展是商业活动一定程度上的区域以及规模扩张的必然结果，这就要求通过专业化的分工来实现更低的交易成本和更高的交易效率，进而获得经济发展。

（二）国民经济发展中有关交通运输结构的理论分析

交通运输发展研究的重点对象是交通运输结构。赵一平自成体系地对交通运输结构与国民经济之间的关系进行研究，并总结出交通运输随着国民经济发展过程中出现的基础结构演变的规律。研究表明，经济上的"先行国"，其在交通运输发展过程中出现的不断演化是自发的，经济发展伴随着交通运输的演变，其中每一种交通运输方式的演变都必须经历由最初的诞生到慢慢成长再到进一步发展成熟，由盛而衰最后至衰退四个阶段，相反"后发国"的交通运输发展过程中却出现特有的"加速"现象，这是受到一国经济发展的影响。

（三）经济发展和交通运输演变关系的实证研究

经济发展伴随着交通运输的演变，表明交通运输与经济发展具有一定的适应性。对这个问题的研究应该在一定具体的经济发展背景下进行。

在经济发展和交通运输演变关系的实证研究中，张宁通过建立起来系统科学和有关现代经济科学之间的联系，根据其基本原理进行一系列的数理统计分析，进而对我国的经济发展与交通运输演变的关系问题进行理论和经验研究。

在交通运输促进国民经济发展的同时也要注意交通运输所带来的外部负效应，如能源消耗、环境污染等问题。陆化普通过分析交通运输业中所消耗的能源占总体上能源消耗比例的历年变化趋势，提出城市交通运输的构建要既能带来经济的可持续发展，又要实现交通运输对城市、国家的环境影响和能源资源消耗的最小化，并以此构建出能源消耗和经济可持续发展约束下的交通运输结构优化模型。涂创军、杨立中和杨红薇提出建立交通运输可持续发展的指标，对各个交通运输方式对环境、能源消耗、运输量进行等方面的影响进行比较和评价。这些研究都表明我国交通运输业的发展在随国民经济发展水平不断提高的同时对能源的需求越来越大，这要求我国交通运输要朝着可持续、绿色和生态方向发展。

从理论的发展来看，国内交通运输发展理论重视研究我国在经济发展过程中与交通运输演变各个阶段相互适应过程中出现的问题，以此提出对策，这是基于我国的经济背景下。

然而国外的研究如格鲁贝勒基本上还只是把眼光过于单一地集中在运输业上，这样他就难以从更广的角度观察和分析整个社会的基础结构演变过程。

随着经济全球化和中国市场经济体制改革，交通运输的发展对我国经济可持续发展有着至关重要的作用。面对我国交通运输的发展过程中出现的问题，这要求我们做出一定的转变，应以交通运输发展效率为取向，研究对象也应该由有关宏观方面的对策研究转变为有关微观方面的交通运输发展机制的深化探究。

第六章 交通运输建设项目不确定性分析

第一节 盈亏平衡分析

一、基本概念

盈亏平衡分析就是分析研究投资项目成本与收益之间平衡关系的方法。又称之为够本分析、收支平衡分析、损益临界分析等。

盈亏平衡分析是通过寻找项目的盈亏平衡点来确定项目承担风险的能力，所谓盈亏平衡点是指某一参数值（在坐标图中为一点），经常选用的项目参数有正常生产年份的产量（销售量）、生产能力、利用率、销售收入、销售价格、销售税金、可变成本、固定成本等。

它表明项目参数达到这一点时，可使项目不盈利也不亏损，恰好处于收支平衡状态，因而也叫盈亏保本点。不同参数表示的盈亏平衡点具有不同的经济含义，盈亏平衡点越低，企业经营越安全，经受不确定性因素恶劣冲击的能力越强。

盈亏平衡分析可根据变量间的关系分为线性与非线性盈亏平衡分析。

二、线性盈亏平衡分析

若项目的总销售收入和总成本均是产量的线性函数，那么所进行的平衡点分析称为线性盈亏平衡分析。

为了进行线性盈亏平衡分析，必须进行如下假设。

生产成本与生产量或销售量呈线性关系

生产量等于销售量

固定成本总是保持不变

变动成本与产量的变化成正比例关系

在项目计算期内各种产品的销售单价都保持不变

销售收入与产品销售量或销售单价呈线性关系

各种数据取正常生产年份的数据

线性盈亏平衡分析分为数学求解法和图解法两种。

（一）数学求解法

数学求解法是将盈亏各因素之间的关系用数学模型表示，然后据此模型确定盈亏平衡点的一种分析方法。

在数学求解法分析中假设

S 为年销售收入

c 为年总成本

p 为产品单价

F 为年总固定成本

Q 为年产量

v 为单位产品变动成本

T 为单位产品销售税金

R 为生产能力利用率

BEP 表示盈亏平衡点

1. 以实际产量表示的盈亏平衡点

因：$S = P \times Q$

$C = F + V \times Q$

据盈亏平衡点的基本含义则有：$S = C$

即：$P \times Q = F + V \times Q$

得：$Q = F \div (P - V)$

则以实际产量表示的盈亏平衡点公式为 $BEP_Q = F \div (P-V)$

上式的实际经济意义

当年生产量为年总固定成本除以产品销售单价与单位产品变动成本之差时，项目的收入与支出相等，整个项目不盈不亏，即表明项目不发生亏损时所必须达到的最低限度的产品产销量。因此，盈亏平衡点是一个临界状态，临界点越低，说明项目的风险越小。

2. 以生产能力利用率表示的盈亏平衡

$$BEP_R = BEP_Q \div Q \times 100\% = F \div (P-V) \div Q \times 100\%$$

上式的实际经济意义

计算结果表示项目不发生亏损（或获得盈利）所必须达到的最低限度的生产能力。BEP_R 较小就意味着该项目可以经受较大的风险；BEP_R 大，则说明实际生产能力距设计生产能力十分接近才能保本，它不允许生产能力有些微的下降，说明项目经受风险的能力较弱。

3. 以年销售收入表示的盈亏平衡点

$$BEP_S = P \times BEP_Q = P_x \div (P-V)$$

上式的实际经济意义

计算结果表示项目不发生亏损（或获得盈利）所必须达到的最低限度的销售收入。BEP_S 值愈小，愈能经受较大的风险；反之，BEP_S 值愈大，说明拟建项目抗风险能力越低。

4. 以销售单价表示的盈亏平衡点

因为：$P \times Q = V \times Q + F$

所以：$P = V + F \div Q$

则以销售单价表示的盈亏平衡点公式为

$$BEP_P = V + F \div Q$$

上式的实际意义

是项目不发生亏损（或获得盈利）所必须达到的最低限度的销售单价。即当销售单价与产品单位成本相同时盈亏平衡，较小的产品单位成本可以使产品单价经受较大的波动。

在项目评估的实际工作中，若考虑销售税金的因素，则销售税金可视为变动成本，这时各种盈亏平衡点的公式变化为

$$BEP_Q = F \div (P - T - V)$$
$$BEP_R = F \div [(P - T - V) \times Q] \times 100\%$$
$$BEP_S = P \times F \div (P - T - V)$$
$$BEP_P = F \div Q + V + T$$

（二）图解法

把盈亏各因素之间的关系用直角坐标图来反映的方法叫盈亏图解法，简称图解法。这种坐标图称为盈亏平衡图。

盈亏图由纵坐标、横坐标和几条直线或曲线组成。纵坐标代表销售收入或生产成本，横坐标代表产销量。直线或曲线代表生产成本、销售收入等。

设：S 为销售收入

C 为生产总成本

则：$S = P \times Q$

$C = F + V \times Q$

将 C 和 S 分别描绘在直角坐标图上，因各为一次方程，其表现为两条直线二者的交点即为盈亏平衡点。其图形如下图所示。

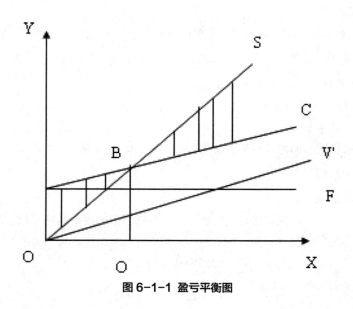

图 6-1-1 盈亏平衡图

图中：

F 为不随产量变化的固定成本线

V' 为随产量变化的变动成本线

S 为销售收入线

C 为总成本线

S 线和 C 线的交点 B 为盈亏平衡点

盈亏平衡点将 S 线和 C 线所夹的范围分为盈与亏两个区。B 点的右面，销售收入高于总成本，形成盈利区；B 点的左面，销售收入低于总成本，形成亏损区。当项目产量为 Q 时 S＝C，收入与支出相等，项目不盈不亏。

从图 6-1-1 中可看出，盈亏平衡点的值越低，项目亏损区就越小，盈利区就越大，所以项目盈亏平衡分析以获得较低的盈亏平衡点评价准则。

盈亏平衡点低具有以下经济意义：

（1）盈亏平衡点低，说明项目承受风险的能力较强

（2）盈亏平衡点低，说明项目生命力强，市场竞争能力也强

（3）盈亏平衡点低，说明项目生产成本低，有较好的经济效益，有较强的还款能力。

盈亏平衡点高具有的经济意义正好与上述内容相反。

三、盈亏平衡分析在评估中的作用

我国现行评估办法要求对项目财务效益分析的结论进行盈亏平衡分析，以确定项目在不确定性因素影响下的实际财务效益水平。从项目评估的实际经验来看，盈亏平衡分析至少有以下作用。

1. 找出影响盈亏平衡点的敏感因素

借助盈亏平衡分析，根据项目主要经济因素间的因果联系，找出影响拟建项目最敏感的因素，以便防范和降低风险。

2. 确定最佳的生产规模（设计规模）

确定项目的生产规模，一个可以接受的基本条件就是盈利。借助盈亏平衡分析，找出项目的盈亏区间，一个拟建项目的生产规模至少应处于项目盈亏平衡分析确定的盈利区间，而盈利最大点处往往就是项目的最佳生产规模。

3. 选出最优技术设计方案

借助盈亏平衡分析，可以用来评价技术方案的经济性，确定几个方案的财务效益的优劣顺序，从而筛选出最优方案。

虽然盈亏平衡分析仅仅是讨论价格、产量、可变成本、固定成本等不确定性因素的变化对项目盈亏产生的影响，但并不能从盈亏平衡中判断项目本身盈利能力的大小。

加上盈亏平衡分析是静态分析，没有考虑货币的时间价值，不确定性因素的变化幅度也是人为确定的，因此具有一定的局限性。

第二节 敏感性分析

一、敏感性分析概述

敏感性分析是投资项目的经济评估中常用的分析不确定性的方法之一。从多个不确定性因素中逐一找出对投资项目经济效益指标有重要影响的敏感性因素，并分析、测算其对项目经济效益指标的影响程度和敏感性程度，进而判断项目承受风险的能力。若某参数的小幅度变化能导致经济效益指标的较大变化，则称此参数为敏感性因素，反之则称其为非敏感性因素。这种分析方法的缺点是每次只允许一个因素发生变化而假定其他因素不变，这与实际情况可能不符。

（一）类型

1. 敏感性分析

敏感性分析是指从定量分析的角度研究有关因素发生某种变化对某一个，或一组关键指标影响程度的一种不确定分析技术。其实质是通过逐一改变相关变量数值的方法来解释关键指标受这些因素变动影响大小的规律。

敏感性因素一般可选择主要参数（如销售收入、经营成本、生产能力、初始投资、寿命期、建设期、达产期等）进行分析。若某参数的小幅度变化能导致经济效果指标的较大变化，则称此参数为敏感性因素，反之则称其为非敏感性因素。

2. 利润的敏感性分析

利润的敏感性分析是指专门研究制约利润的有关因素，在特定条件下发生变化时对利润所产生影响的一种敏感性的分析方法。进行利润敏感性分析的主要目的是计算有关因素的利润灵敏度指标，揭示利润与有关因素之间的相对关系，并利用灵敏度指标进行利润预测。

（二）公式

利润灵敏度指标的计算公式为：

任意第 1 个因素的利润灵敏度指标 ＝ 该因素的中间变量基数 ÷ 利润基数 ×100%

需要注意的是，单价的中间变量是销售收入，单位变动成本的中间变量是变动成本总额，销售量的中间变量是贡献边际，固定成本的中间变量就是固定成本本身。

（三）步骤

1. 确定敏感性分析指标

敏感性分析的对象是具体的技术方案及其反映的经济效益。因此，技术方案的某些经济效益评价指标，例如息税前利润、投资回收期、投资收益率、净现值、内部收益率等，都可以作为敏感性分析指标。

2. 计算该技术方案的目标值

一般将在正常状态下的经济效益评价指标数值，作为目标值。

3. 选取不确定因素

在进行敏感性分析时，并不需要对所有的不确定因素都考虑和计算，而应视方案的具体情况选取几个变化可能性较大，并对经效益目标值影响作用较大的因素。例如：产品售价变动、产量规模变动、投资额变化等；或是建设期缩短，达产期延长等，这些都会对方案的经济效益大小产生影响。

4. 计算不确定因素变动时对分析指标的影响程度

若进行单因素敏感性分析时，则要在固定其他因素的条件下，变动其中一个不确定因素；然后，再变动另一个因素（仍然保持其他因素不变），以此求出某个不确定因素本身对方案效益指标目标值的影响程度。

5. 找出敏感因素，进行分析和采取措施，以提高技术方案的抗风险的能力

（四）规律

利润灵敏度指标的排列有如下的规律：

1）单价的灵敏度指标总是最高；

2）销售量的灵敏度指标不可能最低；

3）单价的灵敏度指标与单位变动成本的灵敏度指标之差等于销售量的灵敏度指标；

4）销售量的灵敏度指标与固定成本的灵敏度指标之差等于1。

2. 投资的敏感性分析

投资的敏感性分析就是通过分析预测有关因素，对净现值和内部收益率等主要经济评价指标的影响程度的一种敏感性分析方法。投资敏感性分析的主要目的是揭示有关因素变动对投资决策评价指标的影响程度，从而确定敏感因素，抓住主要矛盾。

进行投资敏感性分析，一般包括两个方面：一是分别计算有关因素变动对净现值和内部收益率的影响程度；二是计算有关因素的变动极限。

因素变动对净现值和内部收益率影响程度的计算分析，可以采用总量法和差量法进行。

因素变动极限的计算分析，可以采用各因素不利变动的临界限度分析法进行。

（五）敏感性分析的作用

1. 确定影响项目经济效益的敏感因素。寻找出影响最大、最敏感的主要变量因素，进一步分析、预测或估算其影响程度，找出产生不确定性的根源，采取相应有效措施。

2. 计算主要变量因素的变化引起项目经济效益评价指标变动的范围，使决策者全面了解建设项目投资方案可能出现的经济效益变动情况，以减少和避免不利因素的影响，改善和提高项目的投资效果。

3. 通过各种方案敏感度大小的对比，区别敏感度大或敏感度小的方案，选择敏感度小的，即风险小的项目作为投资方案。

4. 通过可能出现的最有利于最不利的经济效益变动范围的分析，为投资决策者预测可能出现的风险程度，并对原方案采取某些控制措施或寻找可替代方案，为最后确定可行的投资方案提供可靠的决策依据。

（六）优缺点

优点：

1. 为决策提供信息

2. 指示检索方向

3. 制作紧急预案

缺点：

无正规数据，无法提供可靠的参数变化。仅从公式计算，而忽略市场的客观条件。

（七）应用

1. 确定具体经济效益评价指标

作为敏感性分析的对象评价 1 个项目的经济效果指标有多个，如净现值、净年值、内部收益率、投资回收期等等。但对于某个具体的项目而言，没有必要对所有的指标都作敏感性分析，因为不同的项目有不同的特点和要求。选择的原则有 2 点：

1）敏感性分析的指标应与确定性分析的指标相一致；

2）确定性经济分析中所用指标比较多时，应选择最能够反映该项目经济效益、最能够反映该项目经济合理与否的 1 个或几个最重要的指标作为敏感性分析的对象。一般最常用的敏感性分析的指标是内部收益率和净现值等动态指标。本文采用净现值作为敏感性分析的指标。

2．选择需要分析的不确定因素

影响电网规划方案经济性的不确定因素很多，严格说来，几乎所有影响到规划项目决策的因素都带有某种程度的不确定性，但事实上并不需要对所有的不确定因素都进行敏感性分析。因为，有些因素虽然具有不确定性，但对经济效益的影响很小。一般来说，可以遵循以下原则：找出那些在成本、收益构成中所占比重较大以及其他预计可能会对规划项目经济效果评价指标有较大影响的、同时又是在整个规划项目寿命周期内有可能发生较大变动或者在确定性分析中采用该因素的数据准确性较差的因素，作为敏感性因素。

经过分析可知，一般对电网规划方案经济性影响较大的因素有：电价、固定资产投资以及电网运行成本等等。

3．确定经济效果评价指标对各种敏感性因素的敏感程度

电网规划方案经济性对不确定因素的敏感程度可以表示为：某种因素或多种因素同时变化时，导致经济效果评价指标的变化程度。常用的计算方法是，假定除敏感性因素外，其他因素是固定不变的，然后根据敏感性因素的变动，重新计算有关的经济效果评价指标，与原指标值进行对比，得出变化的程度，这样即可得出该指标对该不确定因素的敏感程度。

4．通过分析比较找出项目的最敏感因素

根据上一步的计算分析结果，对每种敏感性因素在同一变化幅度下引起的同一经济效果评价指标的不同变化幅度进行比较，选择其中导致变化幅度最大的因素，为最敏感因素；导致变化幅度最小的因素为不敏感因素。

二、国民经济评价及敏感性分析

下面将以某案例来具体说明国民经济评价及敏感性分析：

（一）项目背景

1．项目名称

NY 高速公路 DY 连接线建设项目

2．线路及设计标准

拟建项目 NY 高速公路 DY 连接线为湖南省"6 纵 9 横 3 环"的重要组成部分，是 NY 高速公路与京港澳国家高速公路和 HY 高速公路的一条连接线，也是张家界通往井冈山旅游便捷通道。该项目作为区域连接线，缩短了长株潭城市群至衡东及以东地区的时空距离，对发挥长株潭城市群经济辐射作用、开发沿线旅游资源和改善区域路网结构，具有重要的意义。

本项目路线全线采用设计速度 100km/h 的四车道高速公路标准，路基宽度 26m。主线全长 13.135km，互通连接线长 3.33km。主要工程情况见表 6-2-1 所示。

表 6-2-1 主线工程数量表

序号	工程项目		单位	工程数量	
				主线	互通连接线
1	路线长度		km	13.135	3.33
2	公路永久用地		亩	1667.6	391
3	路基土石方工程		1000 m³	1311.39	539.768
4	防护排水工程		1000 m³	119.464	42.294
5	路面工程		1000 m²	183.150	60.732
6	主线桥梁（含立交主线桥）	特大桥	m/座	1586/1	/
		大桥	m/座	3237/10	306/1
		中小桥	m/座	172/2	132/2
7	涵洞		道	24	9
8	互通式立交		处	2	/
9	平面交叉		处	/	3
10	通道		道	3	/
11	天桥		座	3	/

3．编制依据

本项目的经济评价系以国家发改委、建设部〔2006〕1325 号文颁发的《建设项目经济评价方法与参数》（第三版）、交通运输部建标〔2010〕106 号文件颁发的《公路建设项目经济评价方法与参数》和交通运输部交规划发〔2010〕178 号文件"关于印发公路建设项目可行性研究报告编制办法的通知"为依据，评价模型参考《公路投资优化和改善可行性研究》，即《Study of Prioritization of Highway Investments and Improving Feasibility Study Methodologies Pilot Study Report》确定。

4．计算期

项目计划 2010 年年底开工，2012 年年底建成通车，建设年限为 24 个月（2 年）。国民经济评价运营期取 20 年。国民经济评价计算期为 22 年，评价计算基准年为 2011 年，评价计算末年为 2032 年。

5．远景交通量预测值

本项目采用"四阶段"法预测远景交通量，四阶段法详见第三章，预测案例见附录3。本项目采用车辆折算系数见下表 1-2。"四阶段"法预测结论见表 6-2-3 特征年远景交通量预测值、表6-2-4特征年远景交通量预测值车型比例，以及表6-2-5特征年相关公路交通量预测值。

表6-2-2 车辆折算系数

车型	小客	大客	小货	中货	大货	拖挂
标准小客车	1	1.5	1	1.5	2	3

表6-2-3 NY高速公路DY连接线建设项目特征年远景交通量预测值

单位：pcu/d

路段	2013	2015	2020	2025	2030	2032
K0+000-K9+055	10158	12656	18780	25988	33880	37253
K9+055- K13+135	9634	12031	18081	24720	32198	35113
全线平均	9995	12462	18543	25594	33357	36588

表6-2-4 特征年远景交通量预测值车型比例

单位：%

车型	小客	大客	小货	中货	大货	拖挂	合计
2013	38.96	5.15	20.52	13.68	18.06	3.63	100
2015	39.91	5.28	19.09	13.41	18.24	4.07	100
2020	40.63	5.38	17.77	13.20	18.49	4.53	100
2025	41.27	5.47	16.48	13.02	18.77	4.99	100
2030	41.83	5.55	15.22	12.86	19.08	5.45	100
2032	42.34	5.61	14.00	12.72	19.41	5.92	100

表6-2-5 相关公路特征年远景交通量预测值

单位：pcu/d

路段	2013	2015	2020	2025	2030	2032
HY高速	9065	12352	17768	24217	34302	38145
S314	3944	4602	5335	6185	7606	8312
S315	3025	3523	4065	4689	5728	6241

（二）经济费用计算

1. 建设投资经济费用计算

建设投资估算为 1.32 亿元，见表 6-2-6。

表 6-2-6　推荐方案投资估算表

单位：万元

费用名称	主线	互通连接线	合计
第一部分 建筑安装工程费	62330.83	8770.22	71101.05
第二部分 设备工具器具购置费	1068.53	170.23	1238.76
第三部分 其他基本建设费用	15897.66	3140.34	19038.00
第一、二、三部分费用合计	79297.02	12080.79	91377.81
预留费用：预备费	6786.63	1034.17	7820.80
投资估算总金额	86083.65	13114.96	99198.61

建设投资经济费用为 9.23 亿元，具体调整方法如下所述：

（1）人工费计算

人工的估算价格为 16.78 元/工日。由于本项目途经革命老区，经济尚不发达，当地劳动力有富余，临时工影子价格比估算价格要低，但考虑到该项目主线桥梁占线路比为 33.81%，互通连接线桥梁占线路比为 38.03%，而技术劳力的影子价格比估算价格要高，因此，根据项目所在地区综合情况，确定技术工人与非技术工人用工比例为 4：6，因此，影子人工换算系数取 0.7。

（2）土地

本工程推荐方案须占用土地估算表见表 6-2-7 所示。

表 6-2-7　占用土地数量估算表

名称	占地面积（亩）	占用土地类别及数量（亩）				
		水田	旱地	林地	经济林	鱼塘
主线	1667.6	777.6	204.2	522.1	88.7	75
互通连接线	391	195	95	25	46	30
合计	2058.6	972.6	299.2	547.1	134.7	105

土地的影子价格等于土地的机会成本加上土地转变用途所导致的新增资源消耗。土地征收补偿费中土地及青苗补偿费按机会成本计算方法调整计算；对征地动迁费、安置补助费和地上附着物补偿费等视为新增资源消耗，用影子价格换算系数 1.1 进行调整；从土地征用费中剔除 5% 的征地管理费、耕地占用税、土地复耕费等费用。计算得土地影子价格为 5.92 万元/亩。

主要材料的影子价格和费用

本项目以影子价格为标准进行调整的材料主要指工程中数目占有比重大，而且价格明显不合理的投入物和产出物，主要材料有原木、锯材、钢材、水泥、砂石料及沥青等。据本书第七章第三节，钢材、木材、沥青等为可外贸货物，影子价格以口岸价为基础进行计算。挂牌汇率为1美元兑换 6.8325 元人民币计算，影子汇率换算系数取 1.08。水泥为具有市场价格但非贸易货物，以出厂价为基础进行计算。其他材料费一般按具有市场价格的非外贸货物的影子价格来计算，其投资估算原则上不变，即影子价格换算系数为 1.0。按此参数取值计算出各主要材料的影子价格见表 6-2-8。

扣除公路建设费用中的税金、国内贷款利息等"转移支付"费用。

建设期经济费用调整计算结果见表 6-2-8。

表 6-2-8 建设费用调整表

费用名称	单位	数量	预算单价（元）	投资估算（万元）	影子价格或换算系数（元）	经济费用（万元）
人工	工日	3482832	16.78	5844	（0.70）	4090.93
原木	m³	5343	908.43	485	1020.38	545.19
锯材	m³	16029	1200	1923	1460.13	2340.44
钢材	t	24636	4187.47	10316	4354.97	10728.90
水泥	t	148808	386.45	5751	442.65	6586.99
沥青	t	10622	3721.33	3953	4027.66	4278.18
砂、沙砾	m³	381706	75.5	2882	（1）	2881.88
片石	m³	177442	45	798	（1）	798.49
碎（砾）石	m³	534222	65	3472	（1）	3472.44
块石	m³	44360	80	355	（1）	354.88
其他费用	公路公里	16.47	33023.20	33023.20	（1）	33023.20
税金	公路公里	16.47	2297.38	2297.38		0
第一部分合计	公路公里	16.47		71101.05	（0.97）	69101.52
第二部分合计	公路公里	16.47		1238.76		1238.76
征地费	亩	2058.6	6.13	12617.23	5.92	12193.61
国内贷款利息	公路公里	16.47	4480	4480.00	0	0
国外贷款利息	公路公里					
其他	公路公里			1940.77	（1）	1940.77
第三部分合计	公路公里	16.47		19038.00		14134.38

费用名称	单位	数量	预算单价（元）	投资估算（万元）	影子价格或换算系数（元）	经济费用（万元）
预留费	公路公里	16.47		7820.80	（1）	7820.80
工程投资合计（不含息）	公路公里	16.47		94718.61		92295.46
工程投资合计（含息）	公路公里			99198.61	（0.93）	92295.46

2. 资金筹措与分年度投资计划

（1）项目资本金 23073.87 万元，占项目总投资的比例为 25%。

（2）余额 69221.60 万元申请国内银行贷款，占项目总投资的比例为 75%。

（3）本项目 2010 年年底开工，2012 年年底建成，工期两年。第一年投入资金 50%，第二年投入资金 50%。

3. 运营期经济费用计算

（1）运营期财务费用

参考现有项目区域道路养护费用的投入及管理费用情况，确定本项目运营期财务费用。养护及管理费用。

养护费用：本项目通车第一年的养护财务费用按 10 万元 / 公里计算，项目运营期内按年 3% 递增。

管理费用：拟定本项目通车第一年的养护财务费用按 6 万元 / 公里计算，项目运营期内按年 3% 递增。

（2）大中修费用

第 10 年安排大修一次，大修费用按当年养护费用的 13 倍计，大修当年不计日常养护费。

（2）运营期经济费用计算方法

按影子价格综合换算系数，调整后的建设投资经济费用与财务费用之比，即取影子价格换算系数取 0.93。将公路小修保养费用，大、中修工程费用及管理费用调整为经济费用。

（3）残值

残值取公路建设经济费用的 50%，以负值计入费用。

调整后经济费用详见表 6-2-9。

表 6-2-9　国民经济评价费用支出汇总表

单位：万元

年份	合计	建设投资	养护管理费	大修费用	残值
2011	46147.73	46147.73			
2012	46147.73	46147.73			

年份	合计	建设投资	养护管理费	大修费用	残值
2013	245.07		245.07		
2014	252.43		252.43		
2015	260.00		260.00		
2016	267.80		267.80		
2017	275.83		275.83		
2018	284.11		284.11		
2019	292.63		292.63		
2020	301.41		301.41		
2021	310.45		310.45		
2022	2718.01		119.91	2598.09	
2023	329.36		329.36		
2024	339.24		339.24		
2025	349.42		349.42		
2026	359.90		359.90		
2027	370.70		370.70		
2028	381.82		381.82		
2029	393.27		393.27		
2030	405.07		405.07		
2031	417.22		417.22		
2032	-45717.99		429.74		-46147.73

（三）国民经济效益计算

1．计算方法

本项目采用相关线路法计算国民经济效益，具体计算公式与方法详见本章第五节。

2．主要计算参数

（1）社会折现率取为8%。

（2）汽车运输成本

降低汽车运输成本所带来的效益是新建项目的最主要效益之一。汽车在不同速度、道路交通条件下的运输成本不同。参照交通部公规院和世界银行联合研究完成的《Study of prioritization of highway investments and improving feasibility study methodologies pilot study report》(《公路投资优化和改善可行性研究方法》)中"道路及交通条件的汽车运输成本的影响模型",在假定车速、平整度 IRI、坡度情况下,结合实地调查及项目所在省份同类型道路确定。

①与行驶距离有关的车辆运输成本调整

包括燃料消耗、机油消耗、轮胎磨损、养护费用等。,在特定速度(50km/h)和特定道路条件(路面平整度小于2、道路坡度小于2%)、道路交通流为自由流、无横向干扰)的影响,对各车型基本消耗作以修正,计算燃料消耗、机油消耗、轮胎磨损、养护费用等经济费用,见表 6-2-10。

表 6-2-10 分车型基本消耗统计表

车型			小客	中客	大客	小货	中货	大货	拖挂
燃料	消耗量	升/百车公里	8.7	16	27	16	23	26	32
	经济成本	升/百车公里	57.16	105.12	177.39	105.12	148.35	167.70	206.40
润滑油	消耗量	升/百车公里	0.26	0.29	0.31	0.28	0.3	0.33	0.35
	经济成本	升/百车公里	3.57	3.98	4.26	3.85	4.12	4.53	4.81
轮胎	经济成本	升/百车公里	2.78	5.96	6.96	1.74	5.22	15.21	21.32
汽车修理材料消耗	材料消耗与车辆价格比(每千公里)		0.15	0.15	0.1	0.1	0.1	0.1	0.1
	材料消耗经济费用(元/百车公里)		6.58	6.58	1.85	2.32	1.48	2.18	2.44
汽车修理人工消耗	修理时间	小时/年	30	80	100	45	70	90	100
	经济费用	元/小时	8.33	8.33	8.33	8.33	8.33	8.33	8.33
		元/百车公里	0.83	0.83	1.04	0.75	1.17	1.29	1.44

②与时间有关的汽车运输成本调整

包括车辆折旧、司乘人员工资及福利、保险费、养路费、车船使用税、牌照税、管理费及其他相关税费。车辆折旧一般是按照年限法提取,据调查分析,项目所在地区从事货物运输的车辆绝大部分是国产货车。因此,货车价格均使用国产货车价格。随着人民生活水平的提高,客车将朝着舒适、安全、快捷的方向发展,接近国际水平,因此客车的经济费用直接采用根据国际市场价格预测的经济价格。经济费用调整时,扣除价格中的车辆购置附加费、车船使用税及其他税金。费用调整见表 6-2-11。

表 6-2-11 与时间有关成本单位费用调整

单位：元 / 百公里

车型		小客	中客	大客	小货	中货	大货	拖挂
折旧费	财务价格	51.39	20.42	26.56	19.17	25	33.05	36.64
	经济价格	43.89	18.54	23.23	14.83	21.83	24.37	27.01
工资、福利	财务价格	22.86	38.88	40.62	5.04	14.42	24.62	29.96
	经济价格	22.86	38.88	40.62	5.04	14.42	24.62	29.96
保险费	财务价格	21.00	7.59	9.9	2.78	4.50	10.35	5.25
	经济价格	0	0	0	0	0	0	0
税金	财务价格	0.96	4.8	5.2	0.46	1.3	2.22	2.72
	经济价格	0	0	0	0	0	0	0
养路费	财务价格	3.07	15.06	34.08	11.64	33.26	56.79	69.07
	经济价格	0	0	0	0	0	0	0
运管费	财务价格	0.22	1.08	1.62	0.86	2.48	4.22	5.14
	经济价格	0	0	0	0	0	0	0
合计	财务价格	99.50	87.83	117.98	39.95	80.96	131.25	148.78
	经济价格	66.75	57.42	63.85	19.87	36.25	48.99	56.97

各车型在不同道路情况及交通条件下的汽车运输成本见表 6-2-12。

表 6-2-12 汽车运输成本

单位：元 / 百公里

高速公路	速度（km/h）	45	50	60	70	80	85	90
运输成本	小客	152.60	143.86	132.70	127.20	124.94	124.24	123.80
	中客	190.50	181.95	172.02	168.53	166.70	169.96	175.74
	大客	292.07	279.99	266.65	262.79	263.50	273.00	281.46
	小货	147.76	143.37	140.12	138.59	148.65	156.66	163.34
	中货	241.36	229.41	215.30	207.05	216.00	221.26	227.44
	大货	293.99	283.85	267.06	268.43	281.15	286.64	293.04
	拖挂	360.68	348.34	323.56	337.37	347.73	354.61	362.63
二级公路	速度（km/h）	30	35	40	45	50	55	60

高速公路	速度（km/h）	45	50	60	70	80	85	90
运输成本	小客	208.07	185.33	168.95	156.88	147.87	141.08	136.36
	中客	265.78	240.06	221.88	208.82	199.38	192.48	186.33
	大客	406.89	368.57	341.65	322.46	308.62	298.12	289.59
	小货	187.25	170.77	159.58	151.92	146.47	142.60	144.98
	中货	349.61	312.54	286.18	266.92	251.73	242.26	240.91
	大货	395.71	365.06	342.66	323.69	316.79	314.88	324.21
	拖挂	484.08	446.88	419.22	388.01	391.72	388.87	415.40

（3）时间价值

旅客旅行时间的节约所产生的价值以每人平均创造国内生产总值的份额来计算。在途货物占用流动资金的节约所产生的价值，以在途货物平均价格和资金利息率为基础进行计算，在途货物平均价格参考交通部公规院《道路建设技术经济指标》确定。

（4）交通事故率差及损失费

交通事故率差及损失费按表 6-2-13 计算。

表 6-2-13　交通事故率及损失计算表

公路等级	事故率计算公式（次/亿车公里）	直接损失费（万元/次）	间接损失费（万元/次）
高速公路	-40+0.005AADT	1.2～1.6	18～24
一级公路	37+0.003 AADT	0.9～1.1	13.5～16.5
二级公路	133+0.007 AADT	0.6～0.8	10.5～12.8
三级公路	140+0.03AADT	0.4～0.6	10.5～12.8

3．效益计算结论

本项目运用相关线路法计算得项目各年份国民经济效益汇总于表 6-2-14。

表 6-2-14　国民经济评价效益汇总表

单位：万元

年份	降低运营成本效益	旅客时间节约效益	减少交通事故效益	合计
2013	6876.39	523.64	62.56	7462.59
2014	8127.51	633.23	71.90	8832.64
2015	8609.86	676.12	82.87	9368.85
2016	9484.49	755.21	95.46	10335.16
2017	10445.14	843.48	109.68	11398.30

年份	降低运营成本效益	旅客时间节约效益	减少交通事故效益	合计
2018	11499.92	942.16	126.74	12568.82
2019	12203.10	1008.85	145.84	13357.79
2020	12952.23	1080.75	167.77	14200.76
2021	13992.84	1181.66	193.37	15367.87
2022	15114.62	1291.99	223.02	16629.63
2023	16324.04	1412.74	256.74	17993.51
2024	17627.99	1544.89	295.74	19468.61
2025	18582.16	1642.57	340.83	20565.57
2026	19877.81	1776.71	392.42	22046.94
2027	21261.91	1921.75	452.14	23635.80
2028	22740.14	2078.94	521.20	25340.28
2029	24319.37	2248.78	600.41	27168.56
2030	25826.95	2412.66	691.41	28931.02
2031	27828.21	2633.57	796.62	31258.40
2032	29427.07	2811.84	917.68	33156.59

（四）国民经济评价指标值

国民经济评价指标值计算以基本报表"项目投资基金费用效益流量表"为基础，采用经济净现值、经济内部收益率、经济效益费用比和经济投资回收期四项主要指标来衡量其可行性和取得的效益。在指标的计算过程中，从效益费用流量角度出发，采用动态折现方法，把各经济费用与经济效益按照社会折现率折算成评价基年 2010 年的货币现值，然后计算各指标值。

（五）国民经济评价敏感性分析

经济评价所采用的参数，有的来自估算，有的来自预测，带有一定的不确定性，因此，不排除这些参数还有所变动的可能性，为了分析这些不确定因素变化对项目所产生的影响，本报告按费用上升、效益下降的不同组合，对推荐方案进行分析，以考察经济评价指标对其变化因素的敏感程度，从而更全面地了解该项目，为投资决策者提供科学的依据。本项目经济敏感性分析指标见表 6-2-15。

表 6-2-15 经济敏感性分析表

		0%	10%	20%
0%	EN（年）	15.04	16.39	17.76
	ENPV（万元）	51573.37	43840.23	36109.09
	ERBC	1.67	1.52	1.39
	EIRR（%）	12.98	11.94	11.04
10%	EN（年）	16.54	18.06	19.61
	ENPV（万元）	38682.89	30949.75	23216.61
	ERBC	1.50	1.36	1.25
	EIRR（%）	11.84	10.86	10.01
20%	EN（年）	18.45	20.19	21.31
	ENPV（万元）	25792.41	18059.27	10326.13
	ERBC	1.33	1.21	1.11
	EIRR（%）	10.64	9.72	8.92

从敏感性分析结果可以看出，在效益减少 20%，同时费用上升 20% 的最不利情况下，经济内部收益率 8.92% 仍大于社会折现率 8%。分析结果表明，从国民经济角度看，本项目抗风险能力强。

第三节　工程项目风险决策分析

近年来，我国工程项目的风险研究及应用的工作发展迅速，工程风险管理研究已经成为风险管理研究领域中的重要课题。但由于我国工程风险管理发展较晚，在实际应用中仍然存在一些问题，比如业主和政府的风险管理意识比较淡薄、风险管理手段落后等。这些问题都严重地制约着工程风险管理的自身发展，不仅增加了风险管理的成本，风险评价结果的误差也较大。越来越多的工程实例说明，只有通过有效的风险管理，对风险进行防范，才能使工程项目满足业主的要求，同时为企业获利最大。工程项目风险管理可以分为项目决策阶段、准备阶段、实施阶段以及竣工验收阶段的风险管理，在项目建设的不同阶段，项目风险管理的处境及所追求的目标不一样，面临的风险因素不同，风险管理的重点与方法也会有所不同。由于项目决策阶段是研究项目建设必要性、项目技术可行性、项目经济合理性的关键时期，直接决定了项目的取舍与否，其风险管理至关重要。因此，本文对工程项目在项目决策阶段的风险管理进行探讨，以期待为企业提高工程项目的风险管理水平提供一定的参考。

一、项目建议书与可行性研究阶段的风险管理

进行项目决策阶段风险管理，首先要对项目的决策阶段进行界定。由于目前我国只对于政府投资项目才采取审批制度，对于非政府投资项目一律不用审批项目建议书，所以把项目建议书阶段和可行性研究阶段合并称为项目建议书与可行性研究阶段。因此，项目决策阶段包括项目建议书与可行性研究阶段、项目评价与决策阶段。

（一）项目建议书与可行性研究阶段风险管理的目标

项目建议书与可行性研究阶段风险是指在投资决策前，对拟建项目的所有方面（工程、技术、法律等）进行全面的、综合的调查研究上分析项目建设必要性，说明技术上、市场上、工程上和经济上的可能性过程中出现的不确定因素，以及该因素对项目目标产生的有利或不利的影响的机会事件的不确定性和损失的可能性。在此阶段的风险管理目标主要是：

1. 保证市场调查资料的真实、可靠；

2. 选择正确的估算方法，防止估算错误；

3. 防止考虑不周，缺项漏项现象的发生。

（二）项目建议书与可行性研究阶段风险辨识

1. 工程环境的风险识别

环境分析是对工程项目所在外部环境的宏观分析，寻找影响该工程项目的有利因素和不利因素。PEST 是目前常用的环境分析方法，其将外部一般环境分为以下 4 个方面：

1）政治环境

政治环境包括国家的社会制度、执政党的性质、政府的方针政策等。由于政府的方针特点、政策倾向对组织活动的态度和影响也是不断变化的，对于这些变化，组织可能无法预测，但一旦发生变化后，其对活动产生的可能影响是可以分析的。

2）经济环境

经济环境分为宏观经济环境和微观经济环境。宏观经济环境主要是指一个国家国民收入、国民生产总值及其变化情况等。微观经济环境主要是指企业所在地或所需服务地区的消费者的收入水平、就业程度等，这些因素直接决定着企业目前及未来的市场大小。

3）社会文化环境

社会文化环境包括一个国家和地区的居民教育程度和文化水平、风俗习惯等。文化水平会影响居民的需求层次；宗教信仰和风俗习惯会禁止或限制某些活动的进行；审美观点则会影响人们对组织活动内容、活动方式及活动成果的态度。

4）技术环境

任何组织的活动都需要利用一定的物质条件，这些物质条件反映着一定的技术水平。

社会的进步会影响这些物质条件所反映的技术水平的先进程度，从而会影响利用这些条件进行组织活动的效率。

2. 战略决策的风险识别

工程项目的战略决策风险可用 SWOT 分析方法进行识别，即将与研究对象密切关联的内部优势因素、弱势因素和外部机会因素、威胁因素进行分析并依照一定的次序按矩阵形式罗列，然后用系统分析的研究方法将各因素相互匹配起来进行分析研究，从中得出一系列相应的结论。

SWOT 战略决策分析方法的目的就是通过组织内部评价来识别优势和劣势因素，通过外部环境评价识别机会和威胁因素，并用系统的思想将这些似乎独立的因素相互匹配，以此进行战略组合，根据不同时期的情况，制定和采取相应的施工企业或项目组织战略决策。主要思想就是：抓住机会，避免威胁，强化优势，克服劣势。

3. 其他工作的风险识别

1) 项目实施计划与进度方面的风险

项目实施计划与进度是根据制定建设工期和勘察设计、设备制造、工程施工、安装、试生产所需时间与进度要求，选择整个工程项目实施方案和总进度，用线条图或网格图表述最佳实施计划方案的选择。存在风险主要包括：自然风险、社会风险、融资风险、设计风险、施工风险、技术风险等。

2) 投资估算和资金筹措方面的风险

投资估算方面的风险主要分为工程量估算不足，设备材料、劳动力价格上涨使投资不足，计划失误或外部条件因素导致建设工期拖延等。资金筹措方面的风险主要包括业主资金筹措不足导致支付不及时，影响工程进度；项目资金、财政补助、项目贷款及其他来源结构不合理；资金头寸储蓄过多，造成资金闲置，增加财务费用等。

二、项目评价与决策阶段风险管理

在建设项目和投资方案的经济评价中，所研究的问题都是发生在未来，所应用的数据是根据假设和现有统计资料进行预测和估算的，加之时间推移、条件的变化和一些未考虑因素的影响，从而使项目评价不可避免地带有不确定性，使投资决策存在潜在的风险。此阶段的风险管理就是指风险管理人员对可能导致损失的不确定性进行识别、预测、分析、评估和有效的处置，以最低的成本为项目的成功完成提供最大安全保障。

（一）项目评价与决策阶段风险辨识

由于客观环境的不断发展变化，项目评估时可能缺乏足够的信息资料或没有全面考虑到未来可能发生的情况，所以目前的预测和假设与未来的情况不可避免地会产生误差，还会包含不同程度的风险和不确定性。不确定分析一般包括盈亏平衡分析、敏感性分析、概率分析等，这里只通过敏感性分析方法来识别风险。

从工程项目评估工作的实践来看，各种不确定性敏感因素的存在是不可避免的。一般情况下，产生不确定性的风险因素包括：

1. 物价的浮动

由于市场经济造成市场竞争，任何一个地区都存在不同程度的价格浮动。因此，随着时间推移，项目评价中采用的产品价格和原材料价格，以及有关的各项费用和工资必然会发生变化。

2. 技术装备和生产工艺的变革

随着社会科学技术日新月异，根据原有的技术条件与生产水平估计的项目收入，可能由于新技术、新产品、新工艺和新设备的出现和替代而发生变化。

3. 生产能力的变化

由于种种原因导致项目建成投产后达不到评估时预先确定的设计生产能力，使生产成本上升和销售收入下降，随之会改变各种经济效益指标。

4. 建设资金不足和建设工期的延长

由于基础数据选择和估算不准，忽视了非定量的无形因素的估计，使项目建设工期延长，推迟投产时间，引起投资总额、经营成本和其他各种受益的变化。

5. 政府政策和法规的变化

由于国内外政治形势和经济发展与体制改革的影响，政府的各项经济政策和财务制度的规定也随之改变。

（二）项目评价与决策阶段风险评价

1. 确定型风险评价

确定型风险评价，假定项目各种状态出现的概率为1，只计算各种方案在不同状态下的后果，进而选择风险不利后果最小、有利后果最大的项目过程称为确定型风险评价。确定型风险评价主要有盈亏平衡分析法和敏感性分析法。

敏感性分析法的目的是考察与项目有关的一个或多个主要因素发生变化时对该项目投资价值指标的影响程度。通过敏感度分析，使我们可以了解和掌握在项目经济分析中由于某些参数估算的错误，或使用数据不可靠而造成的对投资价值指标的影响程度，有助于我们确定在决策过程中需要重点调查和分析的因素。

2. 非确定型风险评价

1）随机型风险评价。当各种可能出现的自然状态的概率可以估量时，这种风险估计就成为随机型风险评价，它是运用概率论与数理统计方法预测和研究各种不确定因素对投资价值指标影响的一种定量分析方法。

2）不确定型风险评价。当出现的自然状态概率无法确定时，这种评价就成为不确定型风险评价。这时候往往采用经验丰富的评估人员根据经济、技术、政策等资料来估计概率的方法，这样估计出的概率就是主观概率。

第七章　交通运输项目设计阶段造价控制

第一节　设计阶段的造价控制概述

一、造价控制概述

（一）造价控制宗旨

在建筑工程设计过程中节约成本降低工程造价是为开发企业提高效益增加收入的根本途径，是建筑工程在设计期间必须遵守的原则。从某种意义上说，设计产品的优化水平，代表了设计院的技术水平，也是设计院生产经营建设的综合表现。因此，设计院在建筑工程设计的全过程中，必须遵守在满足功能要求、美观需要及保障建筑结构安全性的前提下，达到经济合理不浪费的原则。

（二）工程造价的概念

工程造价的概念：工程造价是指工程从前期策划、可行性研究、方案论证、设计招标、工程实施以及实施中的管理等各环节所花费的总费用，对工程总费用的影响大小也不同。据有关资料分析，投资决策阶段对整个项目造价的影响为75%～95%；设计阶段为35%～75%；施工阶段为5%～35%；竣工阶段为0～5%。

（三）设计阶段对造价控制的影响

设计是建筑工程项目进行全面规划和具体安排实施意图的过程，是工程建设的灵魂，是处理技术与经济关系的关键环节，设计是否合理对控制工程造价具有重要影响。

建设工程项目的全过程大致可分为4个阶段：可行性研究阶段、初步设计阶段、施工图设计阶段和施工阶段，其中初步设计和施工图设计这两个阶段统称设计阶段。根据西方一些国家分析，设计阶段对工程造价的影响程度占75%以上，由此可见：设计阶段应是全过程造价控制的重点，是工程建设造价控制的关键阶段。

（四）设计阶段影响造价的主要因素

总平面设计

正确合理的总平面设计可以大大减少建筑工程量，节约建设用地，节省建设投资，降低工程造价和项目运行后的使用成本，加快建设进度。

占地面积

占地面积的大小会影响征地费用的高低，也会影响管线布置成本及项目建设运营的运输成本，因此，占地面积越小越经济。

功能分区

功能分区要合理，这可使总平面布置紧凑，安全，避免大挖大填，减少土石方量和节约用地，降低工程造价。

运输方式

运输方式分为有轨运输和无轨运输，一般来讲，无轨运输较为经济，但还要考虑项目运营的需要，如果运输量很大，则有轨运输较无轨运输更为经济。并可以为企业创造良好的生产组织，经营条件和生产环境，还可以为城市建设和工业区创造完美的建筑艺术整体。

工艺设计

按照建设程序，建设项目工艺设计流程在可研阶段已经确定，在设计阶段要求执行可研阶段的工艺设计方案，确定从原料到产品整个生产过程的具体工艺流程和生产技术。所以在初步设计阶段要严把工艺设计方案。比如，在医院建筑中，中心供应室应与手术室一体化设计，因中心供应室消毒物品 90% 来自手术室。手术室的待消毒物品由污梯进入中心供应室的收件室，经粗洗、精洗、检查打包、消毒后进入无菌库，发放厅要靠近医生电梯，各种物品路线便捷、合理，整个工艺设计为医院节省了空间，节约了资金。

建筑设计

平面形状

建筑物周长与建筑面积比越低，工程造价就越低，设计越经济。

流通空间

门厅、过道、走廊、楼梯以及电梯井的流通空间都是"死空间"，不能为了获利目的而加以使用，反而却需要相当多的采暖、采光、清扫和装饰及其他方面的费用，所以在满足建筑物使用要求的前提下，将流通空间减少到最少。

层高

据有关资料分析，住宅层高每降低 10cm，可降低造价 1.2%-1.5%，单层厂房层高每增加 1m，单位面积造价增加 1.8%-3.6%，多层厂房层高每增加 0.6m，单位面积造价提高 8.3% 左右，由此可见，随着层高的增加，单位建筑面积造价也在不断增加。

建筑物层数

住宅随着层数的增加，建筑工程总造价是增加的，但是单方造价系数在逐渐降价，即层数越多越经济，但是边际造价系数在逐渐减少，当住宅超过 7 层后，工程造价将大幅度增加。对于厂房而言，影响经济层数的因素包括两个：一是厂房展开的面积大小，展开面积越大，层数可增加；二是厂房的宽度和长度，宽度和长度越大，则经济层可增加。

建筑物体积与面积

随着建筑物体积与面积的增加，工程总造价会提高，因此应减少建筑物体积与面积，对于工业建筑，厂房布置要紧凑，要采用先进工艺和高效能的设备，采用大跨度大柱距的大厂房，对于民用建筑，尽可能减少结构面积系数。

建筑结构建筑材料和建筑结构选择是否合理，不仅直接影响到工程质量，使用寿命，耐火抗震性能。而且对施工费用，工程造价有很大的影响，尤其是建筑材料，一般占直接费的 70%，降价材料费用，不仅可以降低直接费，而且也会导致间接费的降低，采用各种先进的结构形式和轻质高强度建筑材料，能减轻建筑物自重，简化基础工程，减少建筑材料和构配件的费用及运费，并能提高劳动生产率和缩短建设工期。

对于砌体结构：五层以下的建筑物砌体结构比钢筋混凝土结构经济。

对于钢筋混凝土结构：在大中型工业厂房中广泛应用，对于大多数多层办公楼和高层公寓的主要框架工程来说，钢筋混凝土结构比钢结构便宜。

（五）设计阶段控制工程造价的措施

1. 强化意识、增强观念

设计单位和设计人员必须树立经济核算的意识和观念，克服重技术轻经济、设计保守浪费、迎合建设单位"喜高（标准）好大（规模）"要求的倾向；把技术与经济、设计与概算有机地结合起来，克服"两结合"的脱节状态。

2. 提高设计人员的水平

加强培训，不断提高各方面人员的综合素质由于设计阶段工程造价控制是一项综合性工作，人的因素起着很大的作用，仅有热情，不具备应有的技能也干不好工作。因此，设计人员、概预算经济人员要具备比较好的综合素质才行。针对设计人员不太懂概预算，经济人员不太懂工程技术以及新技术、新工艺、新材料不断出现的情况，就必须进行有针对性的培训，不断提高相关人员的综合素质，使其在设计过程中自觉地把技术设计与经济设计有效地结合起来，为加强设计阶段工程造价控制创造必要的前提条件。只有这样，设计阶段的工程造价控制才能持续有效地进行。

3. 重视资料的收集工作

设计人员在设计前，要充分了解项目建议书，可行性报告、设计任务书、了解水文、地质情况；了解地形地貌，了解工艺设备流程，了解新型建筑材料及性能。

另外，加强工程造价资料的收集整理工作收集、整理、积累工程造价资料是造价管理的一项重要基础工作，做好这项工作，可以为工程造价的动态管理提供条件，为建设项目投资决策提供信息，也可以为投标报价提供依据并且能使投标报价快捷、准确。要做好资料的收集、整理、积累工作，就必须建立工程造价资料积累制度，实现该工作的标准化、规范化和微机管理系统化。每完成一个项目，都要及时准确地将造价资料按统一格式录入微机管理系统，并且要跟踪工程进展情况，及时了解实际状况，将实际情况与设计进行对比，发现问题，找出规律。并且要随时更新资料，确保资料真实可靠，只有这样，才能为以后类似的工程提供参考。

4．设计方案优化

应用价值工程进行设计方案优化价值工程是运用集体智慧和通过有组织的活动、着重对产品进行功能分析，使之以较低的总成本，可靠地实现产品必要的功能，从而提高产品价值的一套科学的技术经济分析方法。在设计阶段进行多方案比选时，利用价值工程进行方案优化，综合各方面因素选择技术先进经济合理的最优设计方案，不盲目追求高标准，使设计方案在体现适用的基础上适当美观，合理使用人力、物力和财力，以达到合理、有效地控制工程造价的目的，花少钱办大事，使有限的资金最大限度地发挥作用，提高投资效益。

5．推广标准设计，加强设计变更管理

标准设计是根据共同的条件按照通用的原则编制的，是经过一定程序批准的，可供设计单位重复使用，既优质又经济。标准设计能较好地贯彻执行国家的技术经济政策．合理利用能源、资源、材料和设备。并能够缩短设计周期，加快施工进度，因此，采用标准设计一般都能使工程造价低于非标设计的工程造价。

加强设计变更管理也是限额设计的一个重要内容。在工程各实施阶段，设计变更更应尽量提前，变更发生得越早，损失越小，反之就越大。如在设计阶段变更，则只需修改图纸，其他费用尚未发生，损失有限；如在采购阶段变更，不仅仅需要修改图纸，而且设备、材料还需重新采购；若在施工阶段变更，除以上费用外，已施工的工程可能要拆除，势必造成重大变更损失。为此，必须加强设计变更管理，尽可能把设计变更控制在设计阶段初期，尤其对影响工程造价的重大设计变更，使工程造价得到有效控制。

6．实行设计的奖罚制度

长期以来设计单位形成的重技术轻经济的倾向，原因在于设计人员的创新，被社会认可的只是技术上的创新（如建筑造型和使用功能），而控制工程造价的创新却得不到应有的关注甚至认同。设计人员在降低工程造价上深挖潜力的设计成果，得不到表扬和奖励，反而要承担风险。这样便挫伤了他们的积极性，造成了设计单位和人员要求安全保险，不问造价高低；导致工程设计的"肥梁、肥柱"等抬高工程造价的现象。在设计中引入风险机制，实行奖罚制度，奖励那些设计方案优秀、工程造价节省的设计，处罚那些因设计浪费而造成经济损失的设计，能激励设计人员深挖设计潜力，重视设计方案的经济合理，对控制工程造价将是一个大的突破。

（六）结构设计对工程造价的影响

建筑结构形式的选择

建筑物地面以上的结构形式对工程造价有很大影响。目前我国民用建筑结构形式主要有砖混结构、框架结构、框剪结构、剪力墙结构、装配式大板、大模板结构、排架结构等。不同的建筑结构形式各有优劣，应比较各种结构的布置方案、受力体系及经济性能，结合实际，因地制宜，综合考虑以上因素，尽量采用适合本地区的经济合理的结构形式，建设出低造价、高质量、高标准的民用建筑。抗震等级对造价的影响在同一个地块中，地震烈度相同，在符合国家规范的情况下，修改结构方案可以采用不同的抗震等级，则会对工程的造价产生较大的影响。

地基处理方案的选择

地基基础是建筑物的重要组成部分，所占资金有的高达总投资的1/3以上。要达到优化地基造价的目的，设计人员应对地基处理技术的优缺点有较全面的认识，并熟悉各种地基处理技术的造价。据调查，天然基础的造价为桩基造价的27%-67%。因此在满足设计要求的前提下，采用天然基础而不是桩基可以避免浪费。但并不是所有的建筑物都是如此。目前，民用建筑物逐步向高层、超高层发展。高层、超高层对地基的要求很高，而天然地基无法满足其工程需要。一些底面积小，净高偏高的建筑，特别是建在沿海地段的高层建筑，为满足沉降量和承载力的要求，往往需要采用桩基。

钢筋用量与工程造价

控制钢筋用量的重要性如何在保证结构安全的前提下，节约工程建设造价，一直是广大工程技术人员孜孜追求的目标。传统的降低结构造价的途径往往是减小构件断面尺寸，这样结构重量降低，材料用量下降，进而降低了结构造价。近年来随着国家基本建设规模的不断扩大，特别是随着钢铁行业的进出口原料的价格暴涨，钢材价格居高不下，钢材成本占材料成本的比例很高，从减少钢筋用量上来降低结构造价效果要更明显一些。在满足结构安全和规范构造要求的前提下将含钢率控制在合理的范围内，不仅是结构设计人员的职责，同样是衡量设计单位的技术水平和市场竞争力的重要标志。

（七）合理降低含钢量的方法探讨

1. 采用结构合理的建筑设计方案

由于建筑设计方案对结构设计方案有重大影响，所以结构设计人员在建筑方案的设计过程中应尽早介入，提请方案设计人员在满足建筑功能布局要求的前提下尽量考虑到结构规范的限值。不要等进入施工图阶段后，结构专业才对建筑方案提出较大的修改意见，至此设计合同已签署，甲方对建筑方案的认可及合同对设计周期的约定，将导致设计人员陷入要么对原建筑方案进行大的修改，则要延长设计周期，且修改的建筑方案甲方要重新认可；要么为满足规范对超限结构的多种要求采取各种加强措施，这样势必要提高含钢率，提高造价。

建筑平面、立面的规则性包含对建筑的平面、立面外形尺寸等因素的综合要求，具体表现为建筑的长宽比、高宽比、平面凹凸尺寸、楼板开洞面积、错层尺寸、层高和结构竖向抗侧力构件布置等控制在合理范围内，如果这些指标有多项超限或某项超限过多，将会给结构设计和含钢率的控制带来很大的困境。而且简单对称的建筑物在震害发生时较不容易破坏。

2. 采用合理的结构措施降低含钢率

（1）结构设计人员应正确理解规范，采用合理的计算模型、设计荷载、参数和构造措施。优先选用抗震和抗风性能好而且经济合理的结构体系。结构设计应根据建筑的房屋高度和高宽比、抗震设防类别、抗震设防烈度、场地类别、结构材料和施工技术条件等因素考虑其适宜的结构体系。实践证明，一个良好的结构体系设计既能达到良好的抗震性能又使结构中用钢量较低，从而使结构造价降低。

（2）选取正确的设计参数。结构的抗震等级，周期折减系数和柱的单双偏压计算模式等设计参数对含钢率有较大的影响，应结合规范和实际工程进行选择。

（八）外立面材料的选择对工程造价的影响

1. 幕墙

幕墙分为石材幕墙、玻璃幕墙和金属幕墙，这三种幕墙拥有同的结构形式，就算是同一种幕墙也有不同的结构形式，就拿石材幕墙来说吧，石材应用于建筑外立面主要有湿贴与干挂两种结构形式。而璃幕墙主要有明框、隐框、半隐框、全玻、点支式五种结构形式，通常情况下，当使用材料、幕墙高度、风荷载大小、玻璃板块尺寸相近时，每平方米单价明框低于半隐框和隐框，明框和隐框相差幅度可达 10% ~ 20%，半隐框和隐框相差幅度约 5% ~ 10%。幕墙结构形式对造价的影响是最主要的因素，同种结构形式的幕墙因材料、高度、分格尺寸的差异，其综合单价相差也很大。

2. 使用材料的品种规格对造价的影响

使用材料的品种规格是影响幕墙造价的另一个重要因素。像玻璃幕墙，隐框、半隐框玻璃幕墙使用的主要材料有铝合金型材、玻璃、结构胶、耐候胶、五金件等，其中影响造价较大的是前四种。铝型材费用约占幕墙单价的 20% ~ 30%；不同表面处理方式的铝型材价格相差也很大，如 LD31RCS 挤压铝型材表面阳极氧化膜处理约 2.3 万元 / 吨左右，而表面为氟碳四涂层的铝型材价格则高达 3.5 万元 / 吨，两者相差 40%。玻璃的品种规格对造价的影响最大，因为玻璃费用一般占幕墙单价的 20 ~ 50%，单层全钢化本体的价格高于透明玻璃，中空玻璃价格略低于等效厚度相当的夹胶玻璃。所以不同的品牌规格，有不同的价格。

3. 高度、宽度、厚度、规格尺寸对造价的影响

墙的高度。宽度、厚度、规格尺寸的大小都会影响到材料用量的大小，用量大的肯定费用就高一些。所以这也是影响幕墙工程造价的一个原因。

（九）推行优化设计的建议

1. 加大行政监督和加快设计监理工作

优化设计工作的推行，政府主管部门首先要重视，通过行政手段来保证优化工作的实施，加大对设计市场的管理力度，建立和完善相应法律法规，规范设计市场。其次建立设计监理制度已成为形势所迫，业主所需。目前还没有客观公正的"第三方"来监理结构设计的进行，所以通过设计监理的方式可以打破设计单位自己"控制"自己的单一局面。

2. 建立必要的设计竞争机制

为保证设计市场的公平竞争，设计经营也应采用招标投标，并颁布相应的法规条例。各地可以成立合法的设计招标代理机构，符合条件的项目必须招标。招标时对投标单位的资质、信誉、技术等方面进行必要的资格审查，设立健全的评标机构，运用价值工程等手段对备选方案进行优化选择。设计单位为提高自身竞争能力，在内部管理上应把设计质量同个人效益挂钩，促使设计人员加强经济观念，把技术与经济统一起来，改变以前设计过程不算账，设计完了预算见分晓的现象。

3. 推广设计标准规范和标准设计

工程设计标准规范的形成，来源于大量成熟的、行之有效的实践经验和科技成果，是科技转化为生产力的必要途径。优秀的工程设计标准和规范，不仅优化了设计，减少设计的盲目性，还将大大提高设计速度，有效降低项目的全寿命费用。在标准规范中可以对一些重要的部位采取设计经济指标限额制度，对一些设计部位使用"宜"或"不宜"等引导性语言提示设计人员对方案进行优化，鼓励他们在设计中大胆使用新工艺和新材料。

在工程施工过程中节约成本降低工程造价是企业提高效益增加收入的根本途径，是建筑工程在建筑施工期间必须遵守的原则。从某种意义上说，现场管理优化水平，代表了企业的管理水平，也是施工企业生产经营建设的综合表现。因此，施工企业应该内抓现场，外抓市场，以市场促现场，用现场保市场，并在此基础之上，不断优化现场管理。工程造价是指发包工程的承包价格。发包的内容有建筑、有安装，也有的是包括建筑安装在内的、范围更广的"交钥匙"工程，但主要是指施工项目的承包价格。工程造价与建筑施工企业密切相关，建筑施工企业加强工程造价管理，即加强对发包工程承包价格的管理。

二、设计阶段对造价控制的影响

设计是建设项目进行全面规划和具体安排实施意图的过程，是工程建设的灵魂，是处理技术与经济关系的关键环节，设计是否合理对控制工程造价具有重要影响。

建设工程项目的全过程大致可分为 4 个阶段：可行性研究阶段、初步设计阶段、施工图设计阶段和施工阶段，其中初步设计和施工图设计这两个阶段统称设计阶段。根据西方一些国家分析，设计阶段对工程造价的影响程度占 75% 以上，由此可见：设计阶段应是全过程造价控制的重点，是工程建设造价控制的关键阶段。设计阶段是控制工程造价的第一关,是龙头,抓住了设计阶段的工程造价控制,就抓住了工程造价控制的关键,就能起到事半功倍的效果,就能更有效地控制工程造价。本文将探讨在设计阶段如何有效地控制工程造价。

三、设计阶段控制工程造价的措施

(一)强化意识、增强观念

设计单位和设计人员必须树立经济核算的意识和观念,克服重技术轻经济、设计保守浪费、迎合建设单位"喜高(标准)好大(规模)"要求的倾向;把技术与经济、设计与概算有机地结合起来,克服"两结合"的脱节状态。

(二)提高设计人员的水平

加强培训,不断提高各方面人员的综合素质。由于设计阶段工程造价控制是一项综合性工作,人的因素起着很大的作用,仅有热情,不具备应有的技能也干不好工作。因此,设计人员、概预算经济人员要具备比较好的综合素质才行。针对设计人员不太懂概预算,经济人员不太懂工程技术以及新技术、新工艺、新材料不断出现的情况,就必须进行有针对性的培训,不断提高相关人员的综合素质,使其在设计过程中自觉地把技术设计与经济设计有效地结合起来,为加强设计阶段工程造价控制创造必要的前提条件。只有这样,设计阶段的工程造价控制才能持续有效地进行。

(三)重视资料的收集工作

设计人员在设计前,要充分了解项目建议书,可行性报告、设计任务书、了解水文、地质情况;了解地形地貌,了解工艺设备流程,了解新型建筑材料及性能。

另外,加强工程造价资料的收集整理工作收集、整理、积累工程造价资料是造价管理的一项重要基础工作,做好这项工作,可以为工程造价的动态管理提供条件,为建设项目投资决策提供信息,也可以为投标报价提供依据并且能使投标报价快捷、准确。要做好资料的收集、整理、积累工作,就必须建立工程造价资料积累制度,实现该工作的标准化、规范化和微机管理系统化。每完成一个项目,都要及时准确地将造价资料按统一格式录入微机管理系统,并且要跟踪工程进展情况,及时了解实际状况,将实际情况与设计进行对比,发现问题,找出规律。并且要随时更新资料,确保资料真实可靠,只有这样,才能为以后类似工程提供参考。

(四)完善工程设计阶段的招标工作

招投标制度作为市场经济下配置资源的一种重要手段,已广泛被人们所接受。工程设计采用招投标制将会促使设计人员增强风险意识、提高设计水平和经济核算质量从而达到优化设计的目的。工程设计分方案设计、技术设计和施工图设计 3 个阶段。为了有效避免设计阶段只注重方案招标，忽视技术设计和施工图设计阶段的招标对工程造价控制带来的问题，在设计招标工作中，不仅方案设计阶段通过招标完成，而且对技术设计和施工图设计也应引入竞争机制，使每个设计阶段均通过竞争完成已是势在必行。这样一来设计在每个细节上都会精益求精地去完成，否则，就有落选的可能。在设计阶段的评标定标中不能把设计费的高低作为定标的依据，因为设计费只占整个工程投资的 1-2%，而设计产品的好坏对工程总投资的影响可以达到 20-30%，因此定标的主要因素应放在设计构思的新颖性、创造性、实用性、技术的优劣、投资估算的合理性，设计进度计划、设计组织方案等方面来进行评价。通过技术、经济和效果评价，力求选择在技术先进前提下确保经济合理。在经济合理的前提下确保技术先进，在满足使用功能的前提下注意造型别致美观，以最少的投入创造最大经济效益的设计投标单位为中标单位。

（五）积极推行限额设计

限额设计是当前普遍采用的控制工程造价的一种有效方法。所谓限额设计，就是按照批准的设计任务书和投资估算，在保证功能要求的前提下控制初步设计以及按照批准的初步设计总概算，控制施工图设计。同时，各专业在保证达到使用功能的前提下，按分配的投资额控制设计，严格控制设计中的不合理变更。保证工程竣工结算不突破总投资限额的工程设计过程。限额设计是按上一阶段批准的投资控制下一阶段的设计，而且在设计中以控制工程量为主要内容，抓住了控制工程造价的核心，从而也就克服了"三超"。同时限额设计并不是一味考虑节约投资，也绝不是简单地将投资砍一刀，而是包含了尊重科学、尊重实际、实事求是、精心设计和保证科学性实际内容，可促使设计单位对技术和经济这一对立统一问题的深度研究，从而克服长期以来重技术、轻经济的思想。

（六）设计方案优化

应用价值工程进行设计方案优化价值工程是运用集体智慧和通过有组织的活动、着重对产品进行功能分析，使之以较低的总成本，可靠地实现产品必要的功能，从而提高产品价值的一套科学的技术经济分析方法。在设计阶段进行多方案比选时，利用价值工程进行方案优化，综合各方面因素选择技术先进经济合理的最优设计方案，不盲目追求高标准，使设计方案在体现适用的基础上适当美观，合理使用人力、物力和财力，以达到合理、有效地控制工程造价的目的，花少钱办大事，使有限的资金最大限度地发挥作用，提高投资效益。

（七）推广标准设计，加强设计变更管理

标准设计是根据共同的条件按照通用的原则编制的，是经过一定程序批准的，可供设计单位重复使用，既优质又经济。标准设计能较好地贯彻执行国家的技术经济政策．合理

利用能源、资源、材料和设备。并能够缩短设计周期，加快施工进度，因此，采用标准设计一般都能使工程造价低于非标设计的工程造价。

加强设计变更管理也是限额设计的一个重要内容。在工程各实施阶段，设计变更更应尽量提前，变更发生得越早，损失越小，反之就越大。如在设计阶段变更，则只需修改图纸，其他费用尚未发生，损失有限；如在采购阶段变更，不仅仅需要修改图纸，而且设备、材料还需重新采购；若在施工阶段变更，除以上费用外，已施工的工程可能要拆除，势必造成重大变更损失。为此，必须加强设计变更管理，尽可能把设计变更控制在设计阶段初期，尤其对影响工程造价的重大设计变更，使工程造价得到有效控制。

（八）实行设计的奖罚制度

长期以来设计单位形成的重技术轻经济的倾向，原因在于设计人员的创新，被社会认可的只是技术上的创新（如建筑造型和使用功能），而控制工程造价的创新却得不到应有的关注甚至认同。设计人员在降低工程造价上深挖潜力的设计成果，得不到表扬和奖励，反而要承担风险。这样便挫伤了他们的积极性，造成了设计单位和人员要求安全保险，不问造价高低；导致工程设计的"肥梁、肥柱"等抬高工程造价的现象。在设计中引入风险机制，实行奖罚制度，奖励那些设计方案优秀、工程造价节省的设计，处罚那些因设计浪费而造成经济损失的设计，能激励设计人员深挖设计潜力，重视设计方案的经济合理，对控制工程造价将是一个大的突破。

总之，由于设计阶段对工程造价的影响程度占75%以上，工程建设造价控制的关键阶段。在设计评审阶段，应该进行多方案评审，运用价值工程原理处理好成本与功能、技术与经济的关系，鼓励设计创新和限额设计，以达到项目设计阶段的总体控制。在施工图设计阶段，克服边设计、边招标，集施工图设计阶段合理的工期，加强该阶段对设计工作的管理，成立有项目经理、业主、造价师和设计人员组成的管理工作小组，较全面地解决该阶段出现的实际问题，有效地控制工程造价，保证设计质量，较好地实现投资目标的控制。

第二节　山区高速公路设计阶段造价控制管理

（一）山区高速公路特点

山区地形复杂，高速公路路线方案与地形、地质、水文、生态、环境等都有密切关联。如越岭线与垭口的控制息息相关；沿溪线则是与河岸选择及线位高低关联密切。路基大多为高填深挖，土石方量较大。纵坡稍有不同，土石方量跟着变动，其中不但牵涉到边坡问题，还涉及取、弃土场的征用，生态植被的恢复等问题。对不良地质情况的处治是设计当中需要重点考虑的问题。

（二）合理选线

山区高速公路选线从多年的地形选线，逐步提升为地形地质选线，即在考虑地形条件允许的基础上，充分考虑路线所经地区的地质条件，避免由于工程建设而引发新的地质灾害。设计方案要让公路线位最为合理，达到工程最省、造价最优、运营安全、维护成本低的目的，从而使工程项目发挥最佳整体效益。

选线要注意控制以下几点：

1. 少占农田

在勘测布线时，力求不占农田，不可避免时则可考虑：以最短距离的直线穿越，减小穿越长度；在平坦地段修筑路堤，挡水护田，在斜坡地段修筑路肩式挡墙或护足以减少占用农田或保护农田；在穿越梯田时要线位适中，通过合理的经济点，切忌深挖高填。

2. 填挖平衡

对于线路经过村镇居民较密，农田较多的平坦地段，一般填方量较大，就地借方困难，必然远运借方，布线时应在满足排水要求的情况下力求降低标高。对于山岭重丘区的线路填挖方相差过大，如果挖方大，废方多，将会给线路周围的农田、水利、森林等生态环境带来危害，在布线时应慎重考虑。

3. 避穿滑坡

滑坡是一种常见的地质不良现象，对公路的危害甚大。因此在新建道路测设时，必须与地质人员密切配合，对线路走向进行认真细致的踏勘，若遇有大型滑坡等地质不良现象，线路则必须绕道通过或重新调整线路走向。对小型滑坡，经详细调查，确定其滑坡性质及其稳定程度后再决定线路地穿过方式，设计相应的防护设施。

4. 指标合理

为了使线形流畅，将来行车安全、舒适，一般情况下不应选用极限指标，尽量少采用最小指标。但对于山岭重丘区的线路勘测，特别是越岭线，很难达到理想的技术标准和线型，不可以片面追求高指标，不必要增大工程量和建设投资。在选线时还是应力求平面顺适，纵坡均衡，横面合理。

（三）加强设计优化推行标准设计

推行标准设计，就是要根据近年来公路建设经验，总结出使用效果好、造价低的图纸，在一定范围内形成固定的标准图、通用图，供大量重复使用。公路建设施工的标准是工程实际施工需要遵守的纲要，也是公路工程施工中需要遵循的科学依据，因此建设施工单位应该积极采用，在采用公路工程施工标准中应该采用标准设计，并且在此基础上进行工程施工预算，以节约建筑材料进而降低工程造价，否则一味地追求低造价是危险的，不科学的。

（四）推行限额设计，制定合理方案

限额设计是促使设计单位改善管理、优化结构、提高设计水平，真正做到以最小投入取得最大产出的有效途径。在设计合同中，应将限额设计内容和根据批准的总投资估算分解量化的各费用组成部分和各专业工程估算控制额明确列入合同内容中，使其在保证达到设计任务书各项要求的前提下，按分配的投资额控制各自的设计，没有特别的理由不得突破其限额。

推行限额设计制度，这是控制设计阶段造价的另一有效途径。具体的是按结构的部位或功能的不同，将资金拆分为若干单元，设计人员根据限制的额度进行设计，使设计人员清醒地认识到设计应该从经济角度出发，进行多方案设计优选，及时采取纠偏措施，既满足工程质量和功能使用要求又不超投资限额。通过这种限额设计，能有效地控制整个项目的投资及造价，同时还可以确保重点项目的重点分项的资金投入。

（五）控制设计变更，做好造价管理

对建设项目实施过程的造价管理来说，最难、最复杂的就是对工程变更管理。有效的造价管理应加强对工程变更的严格管理，重视对变更的必要性和合理性论证。设计监理工作要做好图纸会审，仔细查出错、漏项，尽量在施工之前完善好具体细节。受业主要求或者不可预见的原因带来设计变更，要严格执行变更程序，需经原审批部门的重新审查批准，并由原设计单位提供相应图纸。为了工程设计成果达到技术先进性、施工可行性和工程造价合理性，及时纠正设计中的缺陷和失误，力求将工程变更的发生控制在施工之前。在阶段性设计成果完成后，先由咨询单位进行初步审查，提出初步的审查意见，以此为基础，再由业主组织小范围的程序性审查，通过后再进入下阶段设计。这一方案可以及时督促设计趋于合理，造价控制在限额范围内。反过来，也促使设计单位改善管理，优化结构，提高水平，真正做到"量体裁衣"。

（六）优选工程设计方案

设计时应在深入进行实地调查的基础上，充分考虑各方面相关因素，结合实际情况，尽量降低工程造价。构造物的上、下部结构、高跨比、施工方案等无一不影响到整个构造物的工程造价，比如桥梁设计中跨径与孔数的确定，在总长度不变的前提下，跨径越大，孔数越少，上部结构的造价就越大。墩台的造价就越小，最经济的跨径就是要使上、下部的总造价最低。当然，大型构造物对整条路线往往起到画龙点睛的作用，因此，设计时除了功能和经济的因素外，还要考虑美观及与环境的协调，因此一般一个较大的桥梁或立交应以不同的桥位、材料、结构、跨径、墩台、基础形式等拟出几个不同的方案进行比较，根据适用、经济、安全、美观的原则，从中选出最优方案。

第八章　交通运输项目价值工程

第一节　价值工程概述

价值工程简称 VE（Value Engineenring），是研究技术经济效益的一门科学。价值工程中应用了许多比较成熟的现代化管理方法。我们学习价值工程关键在于理解它的思维方法和它提出的基本理论基础。

价值工程把技术、经济、管理三者有机地结合在一起，利用调查、分析、对比、计算、评价的方法，研究某一问题的技术经济效益。因此，正确的应用价值工程的基本理论和方法去分析问题和解决问题，对在保证产品质量的前提下，降低过剩功能、能耗和生产成本，以及提高经济效益具有十分重要的作用。

一、价值工程的作用和用途

价值工程活动可以消除产品中零件的过剩质量和不必要的成本、弥补设计工作的不足、延长产品的市场寿命周期、降低生产成本，因此可以更好地实现"生产者"（企业）和"消费者"（顾客）的统一，实现"质量"和"顾客第一"的经营思想。

价值工程的应用范围很广，可以说一切有功能要求并发生产成本的领域都可以应用。因而价值工程可以在各行各业、各个部门具体应用。

1. 用于新产品的设计和老产品的改造功能和价值分析，寻求适宜的质量水平；

2. 用于简单零部件、复杂产品、大型工程的生产和作业工艺、工序的安排、改进，寻求适宜的制造质量控制水平，降低生产成本；

3. 用于原材料、外购件、外协件的采购供应，选择供应方；

4. 用于设备改造、设备的大重型修理、技术服务、机构改革方案制定等。

二、价值工程的特点

价值工程不同于质量控制，质量控制的重点是使产品的生产过程能保证对产品的质量要求，尽量减少残次品，降低废品率。而价值工程着重研究的是怎样才能用最低生产成本向用户提供所要求的必要功能。其特点如下：

1. 价值工程以用户的使用为出发点设计和改造产品

价值工程把满足用户所需的必要功能放在首位。这与质量管理中"用户第一"的观点相一致。它既要满足用户所需要的必要功能，而且还提出了什么样的质量标准（价值工程中称之为功能价值）对用户来说是最适宜的问题。坚持"用户第一"的观点，站在用户的立场上，解决产品的质量和经济性的关系是价值工程的特点之一。

2. 价值工程以提高产品价值为目的

应用价值工程的目的就在于提高社会和企业的技术经济效益。价值工程研究的是如何以最低的寿命周期成本（而不单是企业生产成本）去实现用户所需的必要功能，达到提高产品价值的目的，使用户和企业均获得最大的经济效益。

3. 价值工程以功能分析为核心

价值工程的核心是进行产品功能和所需成本的分析。这里的成本分析与目标成本分析有许多相同之处，但是研究问题的出发点和所依据的基本理论不同。一般企业的成本核算或目标成本管理是以产品成本构成为出发点，从产品材料构成上进行分析和研究。而价值工程是以产品功能构成为出发点，从产品功能构成上进行分析和研究。前者研究的是构成产品各部件生产的成本，后者研究的是构成产品功能的各功能的实现成本。价值工程通过对产品功能与成本的关系进行定性和定量的分析，改变功能的实现方式，达到降低实现用户所要求的必要功能成本的目的。这是价值工程的核心，也是它所研究的方法。

4. 价值工程是把技术和经济结合起来进行研究的科学方法

价值工程把技术和经济结合在一起来分析问题，这就使工程技术人员涉及成本和经济效益问题，使经济管理人员关心技术问题。价值工程正是反映了技术与经济必然结合在一起研究的一种技术经济研究工具。

5. 价值工程是有组织的活动，以集体活动为基础

价值工程的运用，涉及企业的经营管理、产品设计、生产制造、物资供应、协作配套、质量管理、生产组织等各个方面。所以只有有组织的集体活动，集中大家的智慧，才能获得成功，取得效果。

6. 采用系统分析法

价值工程是一个完整的系统，这个系统运用各种已有的技术知识、技能和管理方法，围绕价值工程所提出的目的和核心而进行的，只有这样才能有效地识别那些对用户所需功能没有贡献但增加成本的因素，以改进工作，提高产品的价值，达到获得较好技术经济效益之目的。

三、价值工程的基本概念和工作程序

1. 价值工程的定义

价值工程是通过对产品（或作业）进行以功能为核心的综合分析、研究，以最低的成本，实现产品合格的功能，以取得较好技术经济效益的方法。

2．产品和作业

VE 研究的对象是产品和作业。

ISO9000 标准对产品的定义是：

过程（一组将输入转换为输出的相互关联或相互作用的活动）的结果。

注 1：有下述四种通用的产品类别：

——服务（如运输）；

——软件（如计算机程序、字典）；

——硬件（如发动机机械零件）；

——流程性材料（如润滑油）。

产品是根据社会和人们的需要，通过有目的的劳动，而创造的物质资料。

作业是指生产和工作作业，即为了生产某项产品或完成某种服务的方法。

为了分析问题方便我们可对产品或作业进行如下分类：

将产品分为如下四类：

（1）单元产品（或叫原材料产品）：单元产品是零部件产品和组合产品的原材料。

（2）零部件产品：由单元产品经加工制作而成的。如机械产品中的齿轮、轴等。

（3）组合产品：由单元产品或零部件产品经过加工制造组合成的产品。

单元产品与组合产品也是相对的。如橡胶类产品，可作为某些企业的原材料，而它又是由各种化工原料组合而成的。

（4）特殊产品：如报刊、报表、文件等。

产品种类的划分确定，由分析的具体产品而定。但不管什么产品，只要有使用价值，都是 VE 的研究对象，其划分则由分析问题的方便程度而定。

作业也有多种。如生产加工工序的工艺方法，工艺流程，运输作业方法，行政管理工作方法中的报表、信息处理过程等。这些也都是价值工程研究的对象。

产品和作业都是为了实现用户要求的某种特定功能，当把特定功能单一考虑时可成为一个子系统。当全面、综合考虑各种功能和作业时就成了一个系统工程了。因为功能的实现总是由各个方面组合而成的系统，所以说 VE 是以某种特定的系统为研究对象，以提高该系统的价值或该系统生产的产品或作业的价值为活动目标的。

3．功能

产品的功能是 VE 研究的核心。研究功能的目的是使功能适应用户的要求。

功能的定义。功能是指事物或方法以及人在一定的条件下（环境、时间、空间）完成某种特定事项的能力。

从功能定义可知，产品的功能就是产品具有的某种特定用途和作用，例如卡车的功能是载运货物；生产作业的功能是制造产品，例如汽车装配线作业的功能是可装配出汽车；企业的功能是变输入为输出；人的功能是指人们从事某一专业工作时所起的作用——即由于分工不同而决定他是干什么的，例如厂长的功能是制定企业的发展方针和目标并付诸实施、科长的功能是厂级方针目标的组织和具体实施、纺织工人的功能是纺纱织布等等。

产品功能是由企业提供的，而企业功能是由人的功能实现的，而人的功能是由社会教育得来的知识和分工不同所赋予的。这里人的功能是第一位的。

VE 研究功能主要有以下三个目的：

（1）使功能适应用户的要求。用户对产品、企业、人的功能的要求是不断变化的，我们研究功能就是为了解决这种动向和变化，按照用户的要求实现各种功能。

（2）消除不必要的功能。用户需要的功能则是必要的功能，用户不需要的则是不必要的功能。消除不必要的功能可使用户和企业都少花钱，获得较好的效益。据国外资料介绍，通常认为功能是必要的产品中，往往包含有 30% 的不必要功能，这 30% 不必要功能所花的费用无疑对用户和企业来说都是浪费。消除不必要的功能正是 VE 研究所关注的问题。

（3）提供可靠的功能。提供给用户的功能，必须可靠，即要有个质量标准，以便使产品的各种功能达到用户要求的程度。

当然产品、企业、人所具有的功能都不是单一的，而是一个有机的结合体，这就需要对功能进行综合分析和评价。这正是 VE 独具特色的方法之一。

4. 寿命周期费用

（1）寿命周期。任何事物都有它自己产生、发展和衰亡的过程。一件事物从产生到结束的整个过程所经历的时间，就叫寿命周期。就像大家所熟悉的，人从生到死的过程所经历的时间叫人的寿命一样。寿命周期又分：

1）自然寿命周期。我们以产品为例，它是指产品从研制——生产——使用——维修——再使用——再维修，直至不能再用报废时为止，所占用的总时间称之为自然寿命周期。

2）经济寿命周期。随着经济的发展和技术上的进步，产品因性能落后，再用经济效果不佳而被迫停止使用，或转让、报废，这个周期叫经济寿命周期。它是自然寿命周期的一部分。

价值工程中所指的寿命周期，正是产品（或作业）的经济寿命周期。

（2）寿命周期成本。

产品寿命周期成本是指产品在寿命周期内所花费的全部费用。价值工程研究产品（或作业）时，不仅要研究它的功能，而且要研究实现功能时投入的总费用——即寿命周期成本。研究寿命周期成本的目的是降低成本，使用户购买和使用时花的钱最少。

5. 价值工程的工作程序

价值工程是以产品为对象来进行分析活动的。它紧紧围绕企业提供产品或作为用户使用产品的工作程序进行价值分析工作的。

企业提供产品或使用产品的工作都是分阶段按步骤进行的。在每一个阶段中应用价值工程的基本理论和方法对其进行分析，就称之为价值分析。

企业提供产品或使用产品又是一个完整的工作过程。各阶段的价值分析又是这个系统的一部分，在这个完整的过程中，综合地、系统地运用价值工程理论和方法，就构成了价值工程。

企业提供产品一般要经过调查研究——产品设计——产品制造——产品销售几个阶段。在企业使用产品时一般经过产品采购的调查研究——采购产品——产品安装——产品使用——产品维修——产品报废几个阶段。在每一个阶段中我们都可以运用价值工程的方法对其进行价值分析，将各阶段的价值分析综合后，再用价值工程的基本方法对其进行总体的分析就构成价值工程活动的全过程。

价值工程的工作程序与每一阶段的价值分析一样。不同的是价值工程所研究的对象是全过程或整个系统，而价值分析所研究的对象是一个阶段或某个单一或少数子系统。价值工程的工作程序是按照分析、综合、评价、实施的工作顺序进行的。

四、对象选择

开展 VE 活动，首先要确定 VE 的对象。这就同我们开展 QC 小组活动首先要选择好课题一样。不同的只是所遵循的原则不同。QC 小组活动的对象是产品质量（工作质量）问题；而 VE 的活动对象是产品的选择。同 QC 小组活动一样，只有对象选得准，才能取得较大成果，而不至于劳而无功。

（一）VE 对象选择的原则

根据社会和企业生产经营的需要，优先选择下列产品：

1. 对国计民生影响重大的产品；

2. 对实现企业生产经营目标影响大的产品（或作业）；

3. 社会需要量大的产品；

4. 企业产量大的主导产品；

5. 竞争激烈的产品；

6. 用户意见大的产品；

7. 成本高，利润低的产品；

8. 属于技术储备的新产品、关键工艺的改进、主要技术改造项目、重大工艺装备的制造等。

根据提高价值的可能性，优先选择下列产品：

1. 设计年代已久的产品；

2. 设计时未经严格计算与评价的产品；

3. 结构复杂、零件多的产品；

4. 工艺复杂、零件多的产品；

5. 体积或重量大的产品或部件；

6. 占产品成本比重大的零部件；

7. 原材料消耗量大，利用率低的产品；

8. 废次品率高的产品和零部件。

根据企业条件和效果，在选择时应掌握的原则是：

1. 优先选择成功率较高的产品；

2. 优先选择成果大，效益高的对象；

3. 由简到繁，可先从一个部件或简单产品做起的对象。

（二）选择 VE 对象的方法

选择 VE 对象的方法一般有以下几种：

1. 经验分析法

此方法是凭借 VE 人员和专家的经验选择确定 VE 对象的方法。

该方法简便易行，考虑问题可综合各方面的情况，集中大家的智慧和经验。缺点是只有定性的分析，缺少定量的分析；受 VE 人员和专家素质、态度的影响较大。

2. 缺点列举法

此方法也是集中大家的经验，以挑毛病为主的方法。缺点多、影响大的则可定为 VE 的对象。

3. 价值提问测定法

这个方法是把事先准备好的列有对若干产品或对象的提问表，发给企业内各有关部门和用户，根据各自的回答汇总以选取 VE 的对象。提问表一般包括以下内容：

使用这种材料（或零部件、工艺），能提高产品的价值吗？

这种产品的功能同它的费用相称吗？

产品的各种特性和性能全部都是必需的吗？

有更好的办法实现这个目的和用途吗？

有更便宜的方法来生产目前使用的这些零部件吗？

能找到可使用的标准产品吗？

从使用数量上来考虑，是否需要使用适当的专用工具来生产？

材料费、工时费、间接费、税金和利润的总和等于它的价格吗？

能从其他可靠的专业化的工厂里以更便宜的价格买到这些材料或零件吗？

有没有人以更低廉的价格从别的地方买到过这种产品？

4. 百分比法

此方法是根据某一对象中各个方面在总和中所占比重的大小进行选择的。

总和与各个方面应根据价值分析的对象来设定。

第二节　价值工程在交通运输项目中的应用

价值工程在公路工程设计上的应用

第一，选择价值工程对象并收集信息。价值工程是就某一个具体的对象开展的有针对性的分析评价和改进。在公路工程设计方面，价值工程对象的选择要考虑企业的效益和社会的效益，处理好成本与结构功能之间的关系，在充分利用原材料的前提下，真正实现对环境的保护，还要对各种功能进行分类保护，使功能成本处于更加合理的状态，还要注重资料的收集工作，才能实现价值工程的目的。第二，功能分析与评价。功能分析是价值工程活动的核心和基本内容。它要求公路项目的设计应综合考虑建设项目影响区域内的整个整运营时期的运输量需求，以及该项目在整个公路规划网中的作用。借助于功能系统图进行详细的分析。公路工程设计还要进行功能评价，找出价值工程对象所构成各要素间的功能及关系，找出实现最低成本的策略。第三，方案创新与评价。方案创新是从提高对象的功能价值出发，通过创造性的思维活动，提出能可靠实现功能的新方案。对方案进行有效的评价，可以真正实现价值工程的目的。

价值工程在公路工程建设中的应用

第一，控制工程的周期成本。公路工程的生命周期成本主要包括公路在考虑时间价值的前提下，经过可行性的研究，对于真个工程阶段的运营、维护到废除，整个周期所花费的费用。公路工程的生命周期必须在保证满足各项功能的前提下进行的，只有这样，才能降低生命周期成本，达到价值工程实施的目的。第二，价值工程设计优化。在公路工程设计中，应合理选择设计方案，努力实现技术经济最优化。只有选择合理的设计方案，才能真正做好工程的预算工作，加强对工程费用的控制问题，还要注意配合公路工程建设相关的各个方面。从公路建设的初级阶段就应该重视价值工程的实施，只有这样才能更快、更有效地降低工程建设成本，而且使质量得到保证，实现开展工程体系的目的。第三，价值工程优化施工、运营和维护。在施工阶段，要重视施工管理工作的主要内容，这在价值工程中起非常重要的作用。在施工阶段应注意提前做好调查研究工作，运用新的工艺以及新的成果，争取在达到设计要求的前提下，尽量降低成本，缩短工期。在运营和维护阶段使用价值工程可降低很多不利因素的产生，只有运用价值工程理论来衡量公路建设与养护，才能使公路工程建设取得更大的经济效益。

价值工程在公路造价控制中的应用

第一，价值工程在设计阶段造价控制中的应用。设计阶段是公路工程投资控制的重点和关键，在设计阶段开展工程活动，会达到事半功倍的效果。目前公路设计的方案要求程度高，功能价值相对较高，因此，通常应用价值工程来进行设计阶段的优化和评价。第二，施工阶段造价控制中的应用。价值工程在施工中的应用目的就是尽量减少施工过程中费用及成本的开支，提前工期，加强价值工程在公路工程施工过程中的造价控制应用，可以降低施工成本，最终提高经济收益，获得最大利润。

第九章 交通运输项目施工阶段造价控制方法与施工预算

第一节 施工阶段造价控制方法

一、造价控制概述

根据项目概况，工程监理及项目管理经验，针对工程造价控制做出如下工作方法。

（一）工程施工阶段

（1）根据批准的工程施工控制性进度计划及其分解目标计划，编制分阶段或单项工程项目合同支付资金计划。

（2）对工程变更、工期调整申报的经济合理性进行审议并提出审议意见。

（3）依据建设工程施工合同文件的规定受理合同索赔。

（4）合同支付审核和结算签证。

（5）协助建设单位进行工程费用资金流出及工程投资效益评价和分析。

（6）依据建设工程施工合同文件规定和建设单位授权进行合同价格调整。

（7）协助建设单位进行完工结算。

1. 工程计量控制

（1）根据以往工程经验，标书工程报价量不能作为合同工支付结算的工程量，合同支付工程量应按建设工程施工合同文件规定的程序和方法通过量测与度量进行。

（2）工程计量项目划分，依据建设工程施工合同文件规定的报价与支付项目（包括合同报价单、工程变更单、设计修改、建设单位另行批准或确定的增加支付项目）进行。

（3）工程计量量测范围，依据监理工程师审签下达实施的设计图纸（包括工程变更通知、设计修改通知及其相应工程量表）所确定的量，以及合同文件规定应扣除或增加计量的范围，按合同文件规定或监理工程师批准的计量方法与计量单位进行量测计量。

（4）工程计量方式，按单位工程、分部工程、分项工程和单元工程四级划分，监理工程师在合同支付审查中，坚持以单元工程或分项工程为基础，依据建设工程施工合同文件规定的单价支付项目或总价支付项目分别进行。

2．工程计量的原则

（1）不符合建设工程施工合同文件要求，或未经工程质量检验合格、或未按经监理工程师签发的设计要求完成的工程与工作，均不予计量。

（2）按建设工程施工合同文件规定及监理工程师批准的方法、范围、内容和单位计量。

（3）因承包商责任与风险，或因承包商施工需要而另外发生的过程量，均不予计量。

3．工程计量的审查与修正

（1）在进行合同支付签证前，监理工程师按建设工程施工合同文件规定，及时完成对工程计量项目、工程计量范围、工程计量方式与方法、工程计量成果等的有效性与准确性，以及申报支付项目工程质量合格签证的审查与确认。

（2）当工程计量过程发生争议时，监理工程师对通过审查而未发生争议部分工程计量及时予以确认。

（3）工程施工过程中的工程计量属于中间支付计量，监理工程师可按建设工程施工合同文件规定，在事后对建设单位以通过审查和批准的工程计量再次进行审核、修正和调整，并为此发布修正与调整工程计量的签证。

4．合同支付控制

（1）合同支付依据建设工程施工合同文件及其技术条件、国家及省、市颁布的工程费用管理规程和规定、经监理工程师审签的有效设计文件等有关规定进行。

（2）只有按经监理工程师签发的设计图纸及其技术要求完成，工程质量检验合格，按合同文件规定应给予计量支付的工程项目，监理工程师才给予工程计量和办理合同支付。

5．合同支付申报条件

（1）常规合同支付按月进行。

（2）施工过程中，承包商按合同规定的程序和建设单位统一制定的报表格式要求，向监理工程师递交合同支付申请报告（或报表）。

（3）监理工程师只接受符合下述条件的工程量合同支付申报：当完成，或当月以前完成尚未进行支付结算的；以及属于监理范围，建设工程施工合同规定必须进行支付结算的；以及有相应的开工指令、施工质量终检合格证和单元工程（工序）质量评定表（属于某分部或单位工程最后一个单元工程者，尚必须同时具备该分部或单位工程质量评定表）等完整的监理认证文件的；或有监理机构确认签证的合同索赔支付。

6．合同支付申报内容

施工单位向监理机构递交的合同支付申报（或报表），必须包括下列内容：

（1）申请支付工程项目的单位工程名称，分部、分项或单元工程名称及其编码。

（2）施工作业时段及设计文件文图号。

（3）申请支付工程项目施工中的质量事故、安全事故、停（返）工或违规警告记录，以及施工过程处理说明。

（4）由监理工程师签署的支付工程计量确认签证。

（5）建设单位或监理工程师要求报送或补充报送的其他资料。如果因为承包商报送资料不全，或不符合要求，引起合同支付审签的延误，监理机构认定由承包商承担合同责任。

7. 合同支付申报审查

监理机构依照合同的规定和建设单位的要求，及时完成对支付申报的审查，其审查要内容包括：

（1）支付申报格式和手续齐全

（2）申报支付项目、范围、内容合适

（3）监理开工及工程质量检验签证完备

（4）工程计量有效并准确

（5）支付单价及合价正确无误

8. 合同支付的签证

监理机构对承包商递交的合同支付申请的签证意见，包括下述 3 种：

（1）全部或部分申报工程量准予结算；

（2）全部或部分申报工程量暂缓结算；

（3）全部或部分申报工程量不予结算。

对于暂缓结算或不予结算的工程量，在接到监理机构审签意见后的 7 天内，施工单位项目经理可书面请总监理工程师重新予以确认，也可在下次支付申请中再次申报。

9. 支付签证的事后修正

工程施工过程中的支付属中期支付，监理工程师可按建设工程施工合同文件规定，在事后对已经签证支付的证书或报表再次进行审核、修正和调整，并为此发布修正与调整支付签证。

10. 预付款支付

监理机构收到并确认施工单位与建设单位签订的建设工程施工合同协议书及履约保函后，按建设工程施工合同文件规定和建设单位的格式要求，及时签发相关预付款支付证书。

11. 工程价款支付

工程价款支付合同属合同履行过程的中期支付。中期支付按月进行，监理工程师严格按建设工程施工合同文件规定，及时办理工程价款的支付、审查与签证。同时，还对施工单位工程价款的使用进行监督，以确保建设单位支付的工程价款用于合同项目工程。

12. 计日工支付

监理工程师可依照建设工程施工合同文件规定及合同文件确定的单价与支付方式，指示施工单位以计日方式完成一些未包括在合同工程报价项目中，在装修施工中又经常出现的特殊的、零星的，或紧急的、较少量的变更工程或附加工作。并在指示下达后，检查和督促施工单位切实按指示的计日工用工。

一般情况下，计日工的使用按建设单位指示进行或事先取得建设单位的批准。

13．对指定分包商的支付

（1）对一些难度较大、专业水平要求高的工程（如消防、监控等），建设单位可能指定由专业队伍进行部分分包或联营承包。

（2）监理机构通过施工单位对指定分包商进行支付。

（3）监理机构可要求承包商出示指定分包商得到承包商支付工程价款证明，也可以在认定承包商无正当理由而拒绝向指定分包商支付工程价款时，从承包商到期工程款项中扣留指定分包商应得到的款项，直接向分包商支付。

14．工程变更款支付

监理机构依照建设工程施工合同文件规定和工程变更指示所确定的工程计量与支付的程序和方法，依据工程变更项目施工进展，随工程月支付的进行，协助建设单位及时办理工程变更支付。

15．合同索赔支付

监理机构依照建设工程施工合同文件规定或建设单位授权委托范围内，受理和处理合同索赔。经审定的合同费用索赔支付随同工程月支付进行。

16．保留金支付

（1）合同工程项目完工并签发工程移交证书后，监理机构协助建设单位及时把已签发移交工程项目相应保留金的一半（或合同规定的份额）付给承包商，并为此签发保留金支付证书。

（2）当工程缺陷责任期满后，监理机构协助建设单位及时把与所签发缺陷责任期终止证书相应工程项目的另一半保留金付给施工单位，并为此签发支付证书。对于个别项目，若尚存在部分剩余工程款或缺陷需要处理，监理机构协助建设单位扣留与工程处理费用相应的保留金余款的支付签证，直至该部分处理工程或工作最终完成。

17．工程完工支付

合同工程项目完工并签发工程移交证书之后，在建设工程施工合同规定的期限内，监理机构督促承包商按合同文件规定或监理机构批准的格式与内容要求编报合同工程完工支付申请报告（或报表）。同时，监理机构协助建设单位及时完成对完工支付报告（或报表）的审核，并及时为经合同双方协商一致部分的价款签发支付证书。

18．工程变更处理

工程变更依据必须是经建设单位审查批准或由建设单位授权监理机构审查批准，并由监理机构签发的设计文件或有效书面文件。

监理机构对工程变更的通知、要求或建议的审查处理，所遵循的基本原则包括：

（1）变更后不降低工程的质量标准，也不影响工程建完后的运行与管理。

（2）工程变更设计技术可行，安全可靠。

（3）工程变更有利于施工实施，不至于因装修施工工艺或施工方案的变更，导致合同价格的大幅度增加。

（4）工程变更的费用及工期是经济合理的，不至于导致合同价格的大幅度增加。

（5）工程变更尽可能不对后续施工产生不良影响，不至于因此而导致合同控制性工期目标的推迟。

19．工程变更分类

工程变更依据其性质对工程项目的影响程度，分为重大工程变更、较大工程变更、一般工程变更和常规设计变更。

（1）重大工程变更，指涉及总体工程特征、运行标准、设备选择以及工程完工工期改变的工程变更。

（2）较大工程变更，指仅涉及单位或分部工程的局部改动、装修形式的改变或施工方案改变的工程变更。

（3）一般工程变更，指仅涉及分项工程细部改变或施工方案改变的工程变更。

（4）常规设计变更（设计修改），指由于设计条件或设计方案不适应工程施工实际情况，或由于设计文件本身的错误，或为优化设计目的所提出的属于一般变更范围以内的对工程设计的调整与修改。

20．工程变更的提出

（1）当认为原设计文件、技术条件或施工状态已不适应工程现场条件与施工进展时，建设单位或监理机构可依据建设工程施工合同文件的有关规定发出工程变更指令。

（2）设计部门可依据建设单位或监理机构的要求，或自行根据工程进展提出工程变更建议。

（3）设计部门可依据有关法规或合同文件规定在责任与权限范围内提出对工程设计文件的修改通知。

（4）施工单位可依据建设单位或监理机构的指示，或根据施工进展提出对工程施工的变更建议。

（5）施工过程中，除由于实际工程量本身超过或小于合同工程量清单中的数量增减外，没有建设单位或监理机构发出的变更指令。施工单位不得进行任何工程变更。

21．工程变更的申报

监理机构按以下内容，对施工单位提交的施工变更建议书进行审查。

（1）变更的原因及依据

（2）变更的内容及范围

（3）变更工程量清单（包括工程量或工作量、引用单价、变更后合同价格以及引起项目合同价格增加或减少总额）

（4）变更项目施工进度计划（包括施工方案、施工进度以及对合同控制进度目标和完工工期的影响）

（5）为监理机构与建设单位能对变更建议进行有效审查与批准所必须提交的图纸与资料。

为留有建设单位与监理机构能对变更建议进行有效审查、批准、以及工程承包商能进行必须施工准备的合理时间，工程变更必须在建设单位统一规定的申报期限前提出。

只有出现危及生命或工程安全的紧急事态等特殊情况下，工程变更可不受程序与时间的限制。监理机构仍要求承包商或变更发布单位仍应及时补办有关申报和批准手续。

22．**工程变更的审批权限**

工程变更必须是由建设单位审查批准或由建设单位授权监理机构审查批准。

23．**工程变更的执行**

（1）承包商收到监理机构的工程变更指令后，原则上应予执行；

（2）如果这种变更不符合建设工程施工合同文件规定，或超出合同工程项目或工作项目范围，承包商可以提出签订补充协议与合理补偿，或提出拒绝执行的理由；

（3）如果这种变更超出承包商按合同文件规定应具备的施工手段与能力，或将导致承包商造成额外费用与工期延误，承包商可提出理由，申报建设单位或监理机构重新审议，或在执行期间提出施工索赔申报。

24．**工程变更的合同支付**

（1）工程变更支付按合同文件规定执行，除非另行签订协议或合同文件另有规定，否则，工程项目相同的，按合同报价单中已有单价或价格执行。

（2）合同报价单中没有适用单价或价格，引用合同报价中类似的单价或价格修正调整后执行；

（3）合同报价单中的单价或价格明显不合理或不适用，经协商确定或由承包商依照合同的原则和编制依据重新编制后报送审核批准。

（4）经协商仍长久不能达成一致意见的，监理工程师有权独立决定他信为合适的暂定单位或价格，并相应通知承包商和业主执行；

（5）工程变更的支付方式与价格确定后，随工程变更实施列入月工程款支付；

（6）对于单价合同，由于工程变更常导致合同项目实施工程量和价格的实质性变化。

25．**工程变更的合同责任**

只要工程变更指令是按工程承建合同文件规定发出的，则这类变更不解除或减轻合同双方应承担的合同义务与责任。

如果工程变更的发生，是由于承包商的合同责任与风险所导致，则为执行工程变更所发片的费用与工期延误，由承包商承担合同责任。

26．**合同索赔处理**

（1）外部干扰因素、工程变更、施工条件变化等都是导致合同索赔发生的重要原因；

（2）监理机构要求监理工程师认真掌握和熟悉建设工程施工合同，努力促使各方提高合同意识、认真履行合同，及时做好协调，协助合同双方做好预控和预防索赔管理，努力消除可能导致合同纠纷和索赔事件发生的因素，促使施工顺利进行；

（3）监理机构不接受未按合同文件明示或隐含规定的索赔程序与时限提起的索赔要

求，也可以通过对合同索赔要求的全部或部分要求。

27.施工索赔的条件

根据以往的工程监理经验，工程施工中，工程承包商对建设单位提起的合同索赔（简称施工索赔），主要是基于下列8种原因：

（1）因实际施工现场条件与合同明示或隐含的条件相比较发生了不利于施工的变化，而这种变化是一个有经验的承包商所无法事前预料与防范，并且因施工现场条件变化导致施工费用的增加或施工工期的延行，未得到合理补偿或合同支付的；

（2）因工程变更超出合同规定范围，或建设单位为提前合同完工工期要求加速施工，或建设单位提前使用未经移交的工程项目等原因，导致承包商发生额外施工费用，未得到合理补偿或合同支付的；

（3）因执行建设单位或监理机构的指示承担了超出合同规定范围以外的额外工作，导致承包商发生额外施工费用未得到合理补偿或合同支付的。

（4）因属于建设单位风险或责任的自然现象，如台风、外线、停水、停电导致施工暂停等原因，导致施工工期的延误或施工损失，未得到合理补偿或合同支付。

（5）因建设单位未按合同规定提供图纸（如主体竣工图、装修设计图等），施工场地未完全移交（如主体承包商工作尚未最后结束），工程材料设备等应由建设单位提供而未及时提供的，导致施工延误或施工费用增加，未得到合理补偿或合同支付的。

（6）因建设单位或建设单位指定分包商（包括材料供应商、设备供应商）违约行为，导致施工工期延误或施工损失，未得到合理补偿或合同支付的。

（7）由于国家法律、法令、或合同明示与隐含的法规文件发生变更，导致施工工期延误或施工损失，或必须发生的施工费用增加，未得到合理补偿或合同支付的。

（8）其他因合同明示或隐含的建设单位责任或风险，导致施工工期延误或施工损失，或发生的施工费用增加，未得到合理补偿或合同支付的。

监理机构拒绝承包商以下列原因作为提起条件或因下列原因导致的索赔要求：

（1）因承包商在竞标时低价报价所导致的亏损或致使价格显得不合适。

（2）因承包商设计错误，或因管理不利所导致的施工工期延误与施工费用增加。

（3）因承包商或分包商的责任，或因承包商与其分包商之间的纠纷与合同争端所导致的施工工期延误与施工费用增加。

（4）因承包商采用不合格材料、设备，或施工质量不合格，或发生其他违约或违规作业行为，被建设单位或监理工程师指令补工、返工、停工、重建、重置所导致的施工工期延误与施工费用增加。

（5）索赔事件发生后，承包商未努力、及时采用有效的补救和减轻损失措施，导致索赔事态扩大的。

（6）对于非合同关键路线工程项目的施工延误，或建设单位或监理工程师已决定要求承包商采取加速赶工措施追回被延误的工期，并决定给予经济补偿的，不受理其工期延期索赔申报。

（7）其他为合同文件明示或隐含的，属于承包商责任与风险所导致的施工工期延误或施工费用增加。

分包商的索赔要求必须向承包商提出，其中属于应由建设单位承担责任与风险而导致索赔事项发生的，应通过承包商按合同文件规定向监理机构提出，因承包商责任或风险而向分包商（包括与其签订供应合同的供货商）支付的赔偿费用与工期延误的责任由承包商承担。

28．施工索赔的受理

接受承包商的索赔要求后，监理机构立即进行施工索赔的准备工作，并在接受和仔细审阅承包商的索赔报告书后，及时进行下列工作：

（1）依据建设工程施工合同文件规定，对施工索赔的有效性进行审查、评价、认证，并提出初步意见。

（2）对申报的索赔支付文件逐一进行调查、核实、取证、分析和认证，并提出初步意见。

（3）在对索赔的费用计算过程及其合理性逐项进行审查的基础上，提出应合理赔偿费用的初步意见。

（4）在对承包商工期延误索赔计算书中的工时工效、工期计划、关键线路分析和工期计算成果审查与合理性分析基础上，提出工期顺延的初步意见。

（5）对由建设单位和承包商共同责任造成的损失费用，通过协调，公平合理地就双方分担的比例提出初步意见。

（6）双方协商、协调后，提出本项索赔审查意见，连同索赔报告文件提交建设单位按建设工程施工合同文件规定的程序办理支付，在索赔争端长久未解决情况下，或提请仲裁，直至向法院起诉。

29．可能发生的索赔原因及防范对策

为减少索赔事件的发生，针对装修施工中可能发生的原因，制定相应的防范对策。

二、造价控制的措施

（一）工程造价控制的内容

1．工程造价的事前控制

（1）熟悉设计图纸、设计要求、标底标书，分析合同价构成因素，找出工程费用最易突破的环节，从而明确投资控制的重点，制定出控制方案和措施。

（2）预测工程风险，分析可能发生索赔的原因，制定出防范性对策，避免或尽量减少向业主索赔的发生。

（3）及时了解材料、设备市场价格的变化情况和国家调整价格的情况，为业主做好甲供材料、设备的参谋。

2．工程造价的事中控制

（1）专业监理工程师对承包商月完成工程量进行准确计量，并建立月完成工程量台账。

（2）专业监理工程师及时审查承包商报送的工程付款申请，并将审查意见报送总监理工程师审核签认后报业主审批，对未经监理人员签认的工程量，或不符合施工承包合同规定的工程量拒绝签认付款。监理单位的审查时间不得超过 3 天。

（3）对于工程变更、设计修改事前进行技术经济合理性预分析。如需要增加投资，需经过业主同意。

（4）严格现场签证：对需要现场签证的工程量、停窝工、用工、机械、材料代用、材料调价等均经专业工程师审查，总监理工程师审核签认后报业主批准。

（5）定期、不定期地进行工程费用分析，并提出控制工程费用的有效措施。

3．工程造价的事后控制

（1）审核承包商提交的工程结算书，并提出审核意见，与业主、承包商协商一致后，由总监理工程师签发工程竣工结算款支付证书。

（2）公正的处理业主或承包商提出的索赔要求。

（二）工程造价控制的措施

1．工程造价控制的组织措施

（1）建立健全监理组织，总监协调控制工程投资，完善职责分工及有关制度，落实投资控制的责任。

（2）编制本阶段投资控制工程计划和详细的工程流程图。

（3）建立工程款计量和支付制度、设计变更和签证监理工作制度，工程计量和支付、设计变更和签证均由专业监理工程师负责技术审核，造价监理工程师负责单价和取费的审核，最后由总监审核签字的三级责任制。

（4）若业主同意，建立签证工程必须经业主和监理双方人员签字方为有效的制度。

2．工程造价控制的技术措施

（1）加强图纸会审的力度，由我公司技术负责人（高级工程师）和工程师参与审图，并将图纸问题及时提交设计院处理，将问题处理在施工之前，避免因设计变更等造成工程签证等问题。此外，我公司将根据具体情况向业主提交合理化建议，优化施工方案。协调各专业之间的配合，力争将各专业图纸之间的协调工作做好，将因配合不当所致的返工、增加投资等减少至最少。

（2）审核施工组织设计和施工方案，对主要施工方案进行技术经济分析，按合理工期组织施工，避免不必要的赶工费。

（3）熟悉设计图纸和设计要求，当施工合同价采用按实结算方式时，应针对量大、质量、价款波动大的材料的涨价预测，采取对策，避免或尽量减少施工单位提出索赔的可能。

（4）加强对工程签证的管理。未经设计或业主确认的不予计量。此外在核定单价时要按如下顺序确定：合同报价中有适应于变更工程的价格，按合同已有价格，如无则参照类似的和适应的价格作为基础，仍无时则由承包商提出适应价格后，监理公司参照定额核定单价后报业主批准。

（5）严格控制工程变更、设计修改和材料代换等。按审批的设计文件进行审核，避免通过设计变更扩大建设规模，提高建设标准对必须变更的，在满足功能要求的情况下，提出合理化建议，尽量降低变更价款。以避免竣工结算超过预算标准防止投资失控。

（6）认真协助业主审核竣工结算，首先将审核依据（招标文件、施工承包合同、设计图纸、设计变更及工程签证）收集整理后交业主。然后根据合同情况协助业主对合同价款进行调整等。

3．工程造价控制的经济措施

（1）编制资金使用计划，确定、分解投资控制目标。

（2）严格进行工程计量。

（3）复核工程付款账单，签发付款证书。

（4）在施工过程中进行投资跟踪控制，定期地进行投资实际支出值与计划目标值比较，发现偏差，分析产生偏差的原因，采取纠偏措施。

（5）对工程施工过程中的投资支出做好分析与预测，经常或定期向业主提交项目投资控制及其存在问题的报告。

4．工程造价控制的合同和信息措施

（1）承包范围条款中应详细写明不包含哪些内容，对甲方单独分包的项目应明确承包方的取费。

（2）工期条款中应明确写明日历天数，具体开工日期。对工期顺延的条件加以注明。

（3）合同价以及调整的条件和方式要依据本工程加以详细说明。

（4）当有多方进行材料供应情况时，应详细列出清单。

（5）结算方式应注明，如总价承包或预算价下浮等承包方式。写明结算依据的定额、取费标准，对政策性调整的处理等。

（6）写清预付款、工程款具体付款条文。如预付款应明确拨付时间、款额、回扣时间及比例。工程进度款拨付时间等。

（7）违约处理条款应详细说明违约的赔偿规定和实施方法。

（三）施工阶段造价控制的建议

1. 施工单位和重要设备供应商购买有关保险，以保证业主免于承担因工程事故引起的索赔。

2. 建议业主根据施工单位报送的施工进度总计划和工程报价，编制工程投资使用计划表，合理安排资金，使资金既不出现闲置，也不出现不足的情况。

3. 主体结构施工前，建议业主确定综合布线施工单位，并完善设计，以便在不需二次装饰的区域，综合布线的管线在土建主体施工时得到预埋，从而减少事后凿打主体结构的现象，否则，既影响进度，又加大成本，还对工程质量、安全生产影响。

4. 需进行二次装饰的区域，建议土建施工时不考虑管线预埋，待二次装饰时按装饰设计重新布管、布线，以免土建施工时所预埋的管线不能满足二次装饰的需要，从而造成浪费，加大成本。

5. 对在工程上易产生变更和签证的部位，如桩基工程、围护工程、土方工程等，在施工前，建议业主召开专题会议，请设计单位、勘察单位、监理单位和施工单位共同参加，会上群策群力，制定措施，获得优选方案，把变更和签证减少到最小，使投资得以控制。

6. 严格控制设计变更，对设计变更应进行技术经济分析，防止不适当的提高工程造价和不必要的浪费。

7. 协助业主全面履行合同，防止和减少索赔的发生。一旦发生，按程序正确加以处理。并要注意收集证据，协助业主向承包商提出索赔。

8. 鉴于日前建设市场挂靠、非法分包、转包现象严重，承包人以包代管；质量自检体系形同虚设，完全依靠监理把住质量关；施工投入不足，安排不当，屡屡造成工程延期等情况。建议业主在与承包人签订施工合同时，除了总的进度和质量奖罚外，还应增加月进度奖罚和由于承包人自检不到位造成返工或监理重复检查而增加监理工作量对监理单位的补偿等内容，以减少或避免承包人投标是条龙，施工是条虫的情况发生。

第二节　施工预算

施工预算是编制实施性成本计划的主要依据，是施工企业为了加强企业内部经济核算，在施工图预算的控制下，依据企业的内部施工定额，以建筑安装单位工程为对象，根据施工图纸，施工定额，施工及验收规范，标准图集，施工组织设计（施工方案）编制的单位工程施工所需要的人工，材料，施工机械台班用量的技术经济文件。它是施工企业的内部文件，同时也是施工企业进行劳动调配，物资计划供应，控制成本开支，进行成本分析和班组经济核算的依据。

（一）施工预算内容包括

①分层、分部位、分项工程的工程量指标；

②分层、分部位、分项工程所需人工、材料、机械台班消耗量指标；

③按人工工种、材料种类、机械类型分别计算的消耗总量；

④按人工、材料和机械台班的消耗总量分别计算的人工费、材料费和机械台班费，以及按分项工程和单位工程计算的直接费。

编制施工预算的目的是按计划控制企业劳动和物资消耗量。它依据施工图、施工组织设计和施工定额，采用实物法编制。施工预算和建筑安装工程预算之间的差额，反映企业个别劳动量与社会平均劳动量之间的差别，体现降低工程成本计划的要求。

施工部门为了加强施工管理，在施工图预算的控制之下，计算建筑安装工程所需要消耗的人工、材料、施工机械的数量限额，并直接用于施工生产的技术性文件。是根据施工图的工程量、施工组织设计或施工方案以及施工定额而编制的。

内容包括：

①按施工定额和施工组织设计口径的分部分项、分层分段的工程量；

②材料的明细用量；

③分工种的用工数量；

④机械的种类和需用台班数量；

⑤混凝土、钢木构件及制品的加工订货数量。

施工预算根据已会审的图纸和说明书及施工方案，按下列步骤编制：

①搜集编制施工预算的基础资料，包括全套施工图纸，经过批准的单位工程施工组织设计或施工方案，平面布置图等。

②计算工程实物数量。尽量摘用编制施工图预算时的各项计算成果，避免重复计算。

③工程量汇总。工程量计算完毕核对无误后，根据施工定额内容和计量单位，按分部分项工程的顺序，分层分段逐项汇总。

④套施工定额。在中国，由于目前没有一套全国统一的施工定额，因此，可按所在地区或企业内部自行编制的材料消耗定额及全国统一劳动定额套用，但是套用的施工定额必须与施工图纸要求的内容相适应。

⑤工料分析和汇总。

⑥编制说明。

（二）编制原则

为使编制的施工预算发挥应有的作用，施工预算编制遵循以下原则：

1. 材料用量按施工材料做法量加合理操作损耗确定。材料单价按市场价确定（由材料管理部提供）。人工工日按合同规定或现行施工预算定额确定，人工单价（或劳务承包单价）按合同确定或按公司现行标准执行（土建 35 元 / 工日、电气 28 元 / 工日、电气 30 元 / 工日、高级装修 50 元 / 工日、普通装修 45 元工日，部分定额子目执行公司统一调整价）。配合比、机具费、模板费用、脚手架费用、现场管理费费、临时设施费用等费用，公司有指标的，按指标编制，公司无指标的，根据施工方案测定费用水平。施工预算只编入直接费、现场管理费。间接费和税金等费用不编入施工预算。

对于某些概算定额子目，编制施工预算时，要分析概算人工水平，找出不适当套用的定额子目，使施工预算的人工工日水平符合工程实际。

2. 施工预算应根据实际工程具体情况，根据便于使用、便于管理的原则，分专业、按系统、分层、分段、分编制。完全相同的不同层段的施工预算可只编制标准层施工预算，但应在编制说明中注明适用范围。

3. 每个施工预算的项目应齐全，甩项部分应在编制说明中注明。分部要合理，列项要有序。土建装修可按隔墙、电梯厅、走道、户型 1、户型 2 等编制。每一户型可按各房间二次划分。每一房间按地面、天棚、墙面、门窗及固定家私、其他项目先后次序列项。水电按楼层系统子目、各房间子目编制。

4. 施工预算一律利用指定概预算软件编制。

5. 加强施工预算定额的完善工作，逐步实行统一材料库、统一市场价、统一材料耗用量，形成公司统一的施工预算编制体系，形成公司自己的内部施工预算定额。为快速、准确、实际地编制工程预算提供有力工具。

6. 施工预算费用与技术费计划、降低成本计划相结合原则。施工预算编制执行标准材料及人工定额消耗量、标准人工单价及材料管理部审定价时，项目部落实的费用标准与上述标准不同时，以技术费形式（超预算部分）或降低成本计划形式（低于预算部分），由项目部报公司进行审批。

（三）作用

主要表现在：

1. 施工企业据以编制施工计划、材料需用计划、劳动力使用计划，以及对外加工订货计划，实行定额管理和计划管理。

2. 据以签发施工任务书，限额领料、实行班组经济核算以及奖励。

3. 据以检查和考核施工图预算编制的正确程度，以便控制成本、开展经济活动分析，督促技术节约措施的贯彻执行。

（四）编制方法

编制施工预算的方法主要有实物法、实物金额法和单位估价法三种。

1. 实物法

根据施工图纸和施工定额，结合施工组织设计或施工方案所确定的施工技术措施，计算出工程量后，套用施工定额，分析汇总人工、材料数量，但不进行计价，通过实物消耗数量来反映其经济效果。

2. 实物金额法

通过实物数量来计算人工费、材料费和直接费的一种方法。是根据实物法算出的人工和各种材料的消耗量，分别乘以所在地区的工资标准和材料单价，求出人工费、材料费和直接费，以各项费用的多少来反映其经济效果。

3. 单位估价法

根据施工图和施工定额的有关规定，结合施工技术措施，列出工程项目，计算工程量，套用施工定额单价，逐项计算后汇总直接计费，并分析汇总人工和主要材料消耗量，同时列出明细表，最后汇编成册。

三种编制方法的主要区别在于计价方法的不同。实物法只计算实物消耗量，运用这些实物消耗量可向施工班组签发施工任务单和限额领料单；实物金额法是先分析、汇总人工和材料实物消耗量，再进行计价；单位估价法则是按分项工程分析进行计价。

以上各种方法的机械台班和机械费，均按照施工组织设计或施工方案要求，根据实际进场的机械数量计算。

（五）编制步骤

不管采用哪种编制方法，施工预算的编制一般均按以下步骤进行：

1. 收集资料

编制施工预算之前，首先应掌握工程项目所在地的现场情况，了解施工现场的环境、地质、施工平面布置等有关情况，尤其是对那些关系到施工进程能否顺利进行的外界条件应有全面的了解。然后按前面所述的编制依据，将有关原始资料收集齐全，熟悉施工图纸和会审记录，熟悉施工组织设计或施工方案，了解所采取的施工方法和施工技术措施，熟悉施工定额和工程量计算规则，了解定额的项目划分、工作内容、计量单位、有关附注说明以及施工定额与预算定额的异同点。了解和掌握上述内容，是编制好施工预算的必备前提条件，也是在编制前必须要做好的基本准备工作。

2. 计算工程量

列项与计算工程量，是施工预算编制工作中最基本的一项工作。其所费时间最长，工作量最大，技术要求也较高，是一项十分细致而又复杂的工作。

施工预算的工程项目，是根据已会审的施工图纸和施工方案规定的施工方法，按施工定额项目划分和项目顺序排列的。有时为了签发施工任务单和适应"两算"对比分析的需要，也按照工程项目的施工程序或流水施工的分层、分段和施工图预算的项目顺序进行排列。

工程项目工程量的计算是在复核施工图预算工程量的基础上，按施工预算要求列出的。除了新增项目需要补充计算工程量外，其他可直接利用施工图预算的工程量而不必再算，但要根据施工组织设计或施工方案的要求，按分部、分层、分段进行划分。工程量的项目内容和计量单位，一定要与施工定额相一致，否则就无法套用定额。

3. 查套施工定额

工程量计算完毕，经过汇总整理、列出工程项目，将这些工程项目名称、计量单位及工程数量逐项填入"施工预算工料分析表"后，即可套定额，将查到的定额编号与工料消耗指标，分别填入"施工预算工料分析表"的相应栏目里。

套用施工定额项目时，其定额工作内容必须与施工图纸的构造、做法相符合，所列分项工程名称、内容和计量单位必须与所套定额项目的工作内容和计量单位完全一致。如果工程内容和定额内容不完全一致，而定额规定允许换算或可系数调整时，则应对定额进行换算后才可套用。对施工定额中的缺项，可借套其他类似定额或编制补充定额。编制的补充定额，应经权威部门批准后方可执行。

填写计量单位与工程数量时，注意采用定额单位及与之相对应的工程数量，这样就可以直接套用定额中的工、料消耗指标，而不必改动定额消耗指标的小数点位置，以免发生差错。填写工、料消耗指标时，人工部分应区别不同工种，材料部分应区别不同品种、规格和计量单位，分别进行填写。上述做法的目的是便于按不同的工种和不同的材料品种、规格分别进行汇总。

4．工料分析

按上述要求将"施工预算工料分析表"上的分部分项工程名称、定额单位、工程数量、定额编号、工料消耗指标等项目填写完毕后，即可进行工料分析，方法同施工图预算。

5．工料汇总

按分部工程分别将工料分析的结果进行汇总，最后再按单位工程进行汇总，并以此为依据编制单位工程工料计划，计算直接费和进行"两算"对比。

6．计算费用

根据上述汇总的工料数量与现行的工资标准、材料预算价格和机械台班单价，分别计算人工费、材料费和机械费，三者相加即为本分部工程或单位工程的施工预算直接费。最后再根据本地区或本企业的规定计算其他有关费用。

编写编制说明

施工预算书的编制与整理当上述工作全部完成后，需要将其整理成完整的施工预算书，作为施工企业进行成本管理、人员管理、机械设备管理及工程质量管理与控制的一份经济性文件。

第十章 交通运输项目施工成本控制

第一节 工程计量与价款结算

一、工程计量

（一）工程量计算的依据

工程量是指以物理计量或自然计量单位所表示的建筑工程各个分项工程或结构构件的实物数量。物理计量单位是指以度量表示的长度、面积、体积和重量等单位；自然计量单位是指以建筑成品在自然状态下的简单点数所表示的个、条、橙、块等单位。

1. 计算工程量的资料

（1）施工图纸及设计说明书、相关图集、设计变更资料、图纸答疑、会审记录等；（2）经审定的施工组织设计或施工方案；（3）工程施工合同、招标文件的商务条款；（4）与之相适应的"工程量计算规则"。

2. 工程里计算的顺序

工程量计算应按照一定的顺序依次进行，这样既可以节省时间加快计算速度，又可以避免漏算或重复计算。

（1）单位工程计算顺序。

1）按施工顺序计算法。按施工顺序计算法是按照工程施工顺序的先后次序来计算工程量。如一般民用建筑按照土方、基础、墙体、地面、楼面、屋面、门窗安装、外墙抹灰、内墙抹灰、喷涂、油漆、玻璃等顺序进行计算；

2）按定额顺序计算法。按定额顺序计算工程量法就是按照规则中规定的分部章或分部分项工程顺序来计算工程量。这种计算顺序法对初学人员尤为适用。

（2）单个分项工程计算顺序。

1）按照顺时针方向计算法。按顺时针方向计算法就是先从平面图的左上角开始，自左至右，然后再由上而下，最后转回到左上角为止，这样按顺时针方向依次计算工程量。例如计算外墙、地面、夭棚等分项工程，都可以按照此顺序进行计算；

2）按"先横后竖、先上后下、先左后右"计算法。此法就是在平面图上从左上角开始，按"先横后竖、从上而下、自左到右"的顺序进行计算工程量。例如房屋的条形基础土方、基础垫层、砖石基础、砖墙砌筑、门窗过梁、墙面抹灰等分项工程，均可按这种顺序进行计算；

3）按图纸分项编号顺序计算法。此法就是按照图纸上所注结构构件、配件的编号顺序进行计算工程量。例如计算混凝土构件、门窗、屋架等分项工程，均可以按照此方法计算；

4）在计算工程量时，不论采用哪种顺序方法计算，都不能有漏算少算或重复多算的现象发生。

（3）工程量计算的步骤。

1）根据工程内容以及与之相适应的计算规则中的规定的项目列出必须计算工程量的分部分项工程名称（或称项目名称）；

2）根据一定内容、计算顺序和计算规则列出计算式；

3）根据施工图纸的要求确定有关数据代入计算式进行数值计算；

4）对计算结果的计量单位进行调整，使之与计量规则中规定的相应分部分项工程的计量单位保持一致。

（二）计算工程量的注意事项

1. 必须口径一致

施工图列出的工程项目（工程项目所包括的内容及范围）必须与计量规则中规定的相应工程项目一致，才能准确的套用工程量单价。计算工程量除必须熟悉施工图纸外，还必须熟悉计算规则中每个项目所包括的内容和范围。

2. 必须按工程量计算规则计算

工程量计算规则是综合和确定各项消耗指标的基本依据，也是具体工程测算和分析资料的准绳。例如，1.5 砖墙的厚度，无论施工图中所标注出的尺寸是 360mm 或 370mm，都应以计算规则所规定的 365mm 进行计算。

3. 必须按图纸计算

工程量计算时，应严格按照图纸所注尺寸进行计算，不得任意加大或缩小、任意增加或减少，以免影响工程量计算的准确性。图纸中的项目，要认真反复清查，不得漏项和余项或重复计算。

4. 必须列出计算式

在列计算式时，必须部位清楚，详细列项标出计算式，注明计算结构构件的所处位置和轴线，并保留工程量计算书，作为复查依据。工程量计算上、应力求简单明了，醒目易懂，并要按一定的次序排列，以便审核和校对。

5. 必须计算准确

工程量计算的精度将直接影响工程造价确定的精度，因此，数量计算要准确。一般规定工程量的精确度应按计算规则中的有关规定执行。

6. 必须计量单位一致

工程量的计量单位，必须与计算规则中规定的计量单位相一致，才能准确的套用工程量单价。有时由于所采用的制作方法和施工要求不同，其计算工程量的计量单位是有区别的，应予以注意。

7. 必须注意计算顺序

为了计算时不遗漏项目，又不产生重复计算，应按照一定的顺序进行计算。例如对于具有单独构件（梁、柱）的设计图纸，可按如下的顺序计算全部工程量：首先，将独立的部分（如基础）先计算完毕，以减少图纸数量；其次，再计算门窗和混凝土构件，用表格的形式汇总其工程量，以便在计算砖墙、装饰等工程项目时运用这些计算结果；最后，按先水平面（如楼地面和屋面），后垂直面（如砌体、装饰）的顺序进行计算。

8. 力求分层分段计算

要结合施工图纸尽量做到结构按楼层，内装修按楼层分房间，外装修按从地面分层施工计算。这样，在计算工程量时既可避免漏项，又可为编制工料分析和安排施工进度计划提供数据。

9. 必须注意统筹计算

各个分项工程项目的施工顺序、相互位置及构造尺寸之间存在内在联系，要注意统筹计算顺序。例如，墙基沟槽挖土与基础垫层，砖墙基础、墙体防潮层，门窗与砖墙抹灰等之间的相互关系。通过了解这种存在的内在关系，寻找简化计算过程的途径，以达到快速、高效之目的。

（三）用统筹法计算工程量

实践表明，每个分项工程量计算虽有着各自的特点，但都离不开计算"线""面"之类的基数，它们在整个工程量计算中常常要反复多次使用。因此，根据这个特性和计量规则的规定，运用统筹法原理，对每个分项工程的工程量进行分析，然后依据计算过程的内在联系，按先主后次、统筹安排的计算程序，简化了烦琐的计算，形成了统筹计算工程量的计算方法。

运用统筹法计算工程量的基本要点是：统筹程序、合理安排；利用基数、连续计算；一次算出、多次使用；结合实际、灵活机动。

运用统筹法计算工程量，首先要根据统筹法原理、工程量计算规则。设计出"计算工程量程序统筹图"。统筹图以"线、面"作为基数，连续计算与之有共性关系的分项工程量，而与基数无共性关系的分项工程量则按图纸所示尺寸进行计算。

统筹法统计的内容："三线、三高、二面、二统、一层、一册"

工程计量主要包括：建筑面积、土石方工程、桩基础工程、砌筑工程、混凝土及钢筋混凝土工程、模板及支撑工程、装饰-1楼地面工程、装饰-2墙柱面工程、装饰-3天棚工程、装饰-4门窗工程、装饰-5油漆、涂料、裱糊工程、装饰-6其他装饰工程、脚手架工程、垂直运输工程、屋面及防水工程定额工程量计量等。

工程量计量是确定工程量清单、建筑工程直接费、编制施工组织设计、安排施工进度、编制材料供应计划、进行统计工作和实现经济核算的重要依据。

二、价款结算

（一）我国工程价款结算方法

1. 工程价款结算的重要意义

所谓工程价款结算是指承包商在工程实施过程中，依据承包合同中关于付款条款的规定和已经完成的工程量，并按照规定的程序向建设单位（业主）收取工程价款的一项经济活动。

工程价款结算是工程项目承包中的一项十分重要的工作，主要表现在：

（1）工程价款结算是反映工程进度的主要指标。在施工过程中，价款的结算的依据之一就是按照已完成的工程量进行结算，也就是说，承包商完成的工程量越多，所应结算的工程价款就应越多，所以，根据累计已结算的工程价款占合同总价款的比例，能够近似地反映出工程进度情况，有利于准确掌握工程进度。

（2）工程价款结算是加速资金周转的重要环节。承包商能够尽快地结算回工程价款，有利于偿还债务，也有利于资金的回笼，降低内部运营成本。通过加速资金周转，提高资金使用的有效性。

（3）工程价款结算是考核经济效益的重要指标。对于承包商来说，只有工程价款如数地结算，才能避免经营风险。承包商才能够获得相应的利润，进而达到良好的经济效益。

2. 工程价款的主要结算方式

我国现行工程价款结算根据不同情况，可采取多种方式。

（1）按月结算

实行旬末或月中预支，月终结算，竣工后清算的方法。跨年度竣工的工程，在年终进行工程盘点，办理年度结算。这是我国现行建筑安装工程价款结算中常用的一种结算方式。

（2）竣工后一次结算

建设项目或单项工程全部建筑安装工程建设期在12个月以内，或者工程承包合同价值在100万元以下的，可以实行工程价款按月预支，竣工后一次结算。

（3）分段结算

即当年开工，当年不能竣工的单项工程或单位工程按照工程形象进度，划分不同阶段进行结算。分段结算可以按月预支工程款。

对于以上三种主要结算方式的收支确认，国家财政部在 1999 年 1 月 1 日起实行的《企业会计准则——建造合同》讲解中做了如下规定：

——实行旬末或月中预支，月终结算，竣工后清算办法的工程合同，应分期确认合同价款收入的实现，即：各月份终了，与发包单位进行已完工程价款结算时，确认为承包合同已完工部分的工程收入实现，本期收入额为月终结算的已完工程价款金额。

——实行合同完成后一次结算工程价款办法的工程合同，应于合同完成，施工企业与发包单位进行工程合同价款结算时，确认为收入实现，实现的收入额为承发包双方结算的合同价款总额。

——实行按工程形象进度划分不同阶段、分段结算工程价款办法的工程合同，应按合同规定的形象进度分次确认已完阶段工程收益实现。即：应于完成合同规定的工程形象进度或工程阶段，与发包单位进行工程价款结算时，确认为工程收入的实现。

（4）目标结款方式

将合同中的工程内容分解成不同的验收单元，当承包商完成单元工程内容并经业主（或其委托人）验收后，业主支付构成单元工程内容的工程价款。

目标结算方式下，若承包商积极组织施工，提前完成控制界面的工程内容，则承包商可提前获得工程价款，增加承包收益。同时，因承包商在界面内质量达不到合同约定的标准而业主不予验收，承包商也会因此而遭受损失。可见，目标结算方式实质上是运用合同手段，财务手段对工程的完成进行主动控制。

（5）结算双方约定的其他结算方式。

（二）工程价款的几种支付类型及其计算

1. 工程预付款及其计算

在工程承包合同条款中，一般要明文规定发包单位在开工前拨付给承包单位一定限额的工程预付备料款。此预付款构成施工企业为该承包工程项目储备主要材料、结构件所需的流动资金。

我国《建设工程施工合同（示范文本）》（以下简称《施工合同范本》）的普通条款第 24 条做如下一般性的规定："实行工程预付款的，双方应当在专用条款内约定发包方向承包方预付工程款的时间和数额，开工后按约定的时间和比例逐次扣回。预付款支付时间应不迟于约定的开工日期前 7 天。发包方不按约定预付，承包方在约定预付时间 7 天后向发包方发出要求预付的通知，发包方收到通知后仍不能按要求预付，承包方可在发出通知后 7 天停止施工，发包方应从约定应付之日起向承包方支付应付款的贷款利息，并承担违约责任。"

在承包商向发包方提交金额等于预付款数额（发包方认可的银行开出）的银行保函后，发包方按规定的金额和规定的时间向承包方支付预付款，在发包方全部扣回预付款之前，该银行保函一直有效。当预付款被发包方扣回时，银行保函金额相应递减。

（1）预付备料款的限额

预付备料款限额由下列主要因素决定：主要材料（包括外购构件）占工程造价的比重；材料储备期；施工工期。

对于施工企业常年应备的备料款限额，可按下式计算（相当于一个储备周期的主要材料款）：

$$备料款限额 = \frac{年度承包工程总值 \times 主要材料所战占比重}{年度施工日历天数 \times 材料储备天数}$$

一般建筑工程不应超过当年建筑工作量（包括水、电、暖）的30%，安装工程按年安装工作量的10%；材料占比重较多的安装工程按年计划产值的15%左右拨付。

对于只包工不包料的工程项目，则可以不预付备料款。

（2）备料款的扣回

扣款的方法：

1）可以从未施工工程尚需的主要材料及构件的价值相当于备料款数额时起扣，从每次结算工程价款中，按材料比重扣抵工程价款，竣工前全部扣清。其基本表达公式是：

$$T = P - \frac{M}{N}$$

式中：T——起扣点，即预付备料款开始扣回时的累计完成工作量金额；

M——预付备料款限额；

N——主要材料所占比重；

P——承包工程价款总额。

2）扣款的方法也可以在承包方完成金额累计达到合同总价的一定比例后，由承包方开始向发包方还款，发包方从每次应付给承包方的金额中扣回工程预付款，发包方至少在合同规定的完工期前将工程预付款的总计金额逐次扣回。

扣备料预付款的时间、比例，应在专用条款中约定。

2. 工程进度款的支付（中间结算）

施工企业在施工过程中，按逐月（或形象进度，或控制界面等）完成的工程数量计算各项费用，向建设单位（业主）办理工程进度款的支付（即中间结算）。

工程进度款支付过程中，应遵循如下要求：

（1）工程量的确认

根据有关规定，工程量的确认应做到：

1）承包方应按约定时间，向工程师提交已完工程量的报告。工程师接到报告后7天内按设计图纸核实已完工程量（以下称计量），并在计量前24小时通知承包方，承包方为计量提供便利条件并派人参加。承包方不参加计量，发包方自行进行，计量结果有效，作为工程价款支付的依据。

2）工程师收到承包方报告后7天内未进行计量，从第8天起，承包方报告中开列的工程量即视为已被确认，作为工程价款支付的依据。工程师不按约定时间通知承包方，使承包方不能参加计量，计量结果无效。

3）工程师对承包方超出设计图纸范围和(或)因自身原因造成返工的工程量，不予计量。

上述三条是《施工合同范本》中的普通条款原文。但执行《建设建设工程工程量清单计价规范》，按清单计价招投标、签订相应合同的工程，只有该工程经监理工程师进行质量验收后，才予计量，作为拨付进度款的依据。

（2）合同收入的组成

财政部制定的《企业会计准则——建造合同》中对合同收入的组成内容进行了解释。合同收入包括两部分内容：

1）合同中规定的初始收入，即建造承包商与客户在双方签订的合同中最初商定的合同总金额，它构成了合同收入的基本内容。

2）因合同变更、索赔、奖励等构成的收入，这部分收入并不构成合同双方在签订合同时已在合同中商定的合同总金额，而是在执行合同过程中由于合同变更、索赔、奖励等原因而形成的追加收入。

合同收入 = 原合同收入 ± 追加（减）合同收入

（3）工程进度款支付

1）工程款（进度款）在双方确认计量结果后 14 天内，发包方应向承包方支付工程款（进度款）。按约定时间发包方应扣回的预付款，与工程款（进度款）同期结算。

2）符合规定范围的合同价款的调整，工程变更调整的合同价款及其他条款中约定的追加合同价款，应与工程款（进度款）同期调整支付。

3）发包方超过约定的支付时间不支付工程款（进度款），承包方可向发包方发出要求付款通知，发包方受到承包方通知后仍不能按要求付款，可与承包方协商签订延期付款协议，经承包方同意后可延期支付。协议须明确延期支付时间和从发包方计量结果确认后第 15 天起计算应付款的贷款利息。

4）发包方不按合同约定支付工程款（进度款），双方又未达成延期付款协议，导致施工无法进行，承包方可停止施工，由发包方承担违约责任。

上述四条为《施工合同范本》中的普通条款原文。

3．**工程保修金（尾留款）的预留**

按照有关规定，工程项目总造价中应预留出一定比例的尾留款作为质量保修费用（又称保留金），待工程项目保修期结束后最后拨付。有关尾留款应如何扣除，一般有两种做法：

1）当工程进度款拨付累计额达到该建筑安装工程造价的一定比例（一般为95%～97%左右）时，停止支付，预留造价部分作为尾留款。

2）尾留款（保留金）的扣除也可以从发包方向承包方第一次支付的工程进度款开始，

在每次承包方应得的工程款中扣留投标书附录中规定金额作为保留金，直至保留金总额达到投标书附录中规定的限额为止。

4. 其他费用的支付

（1）安全施工方面的费用。

（2）专利技术及特殊工艺涉及的费用。

（3）文物和地下障碍物涉及的费用。

上述支付，均应以合同为依据。

（三）工程竣工结算及其审查

1. 工程竣工结算的含义及要求

工程竣工结算是指施工企业按照合同规定的内容全部完成所承包的工程，经验收质量合格，并符合合同要求之后，向发包单位进行的最终工程价款结算。

《建设工程施工合同（示范文本）》中对竣工结算做了详细规定：

（1）工程竣工验收报告经发包方认可后 28 天内，承包方向发包方递交竣工结算报告及完整的结算资料，双方按照协议书约定的合同价款及专用条款约定的合同价款调整内容，进行工程竣工结算。

（2）发包方收到承包方递交的竣工结算报告及结算资料后 28 天内进行核实，给予确认或者提出修改意见。发包方确认竣工结算报告后通知经办银行向承包方支付工程竣工结算价款。承包方收到竣工结算价款后 14 天内将竣工工程交付发包方。

（3）发包方收到竣工结算报告及结算资料后 28 天内无正当理由不支付工程竣工结算价款，从第 29 天起按承包方同期向银行贷款利率支付拖欠工程价款的利息，并承担违约责任。

（4）发包方收到竣工结算报告及结算资料后 28 天内不支付工程竣工结算价款，承包方可以催告发包方支付结算价款。发包方在收到竣工结算报告及结算资料 56 天内仍不支付的，承包方可以与发包方协议将该工程折价，也可以由承包方申请人民法院将该工程依法拍卖，承包方就该工程折价或者拍卖的价款优先受偿。

（5）工程竣工验收报告经发包方认可后 28 天内，承包方未能向发包方递交竣工结算报告及完整的结算资料，造成工程竣工结算不能正常进行或工程竣工结算价款不能及时支付，发包方要求交付工程的，承包方应当交付；发包方不要求交付工程的，承包方承担保管责任。

（6）发包方和承包方对工程竣工结算价款发生争议时，按争议的约定处理。

在实际工作中，当年开工、当年竣工的工程，只需办理一次性结算。跨年度的工程，在年终办理一次年终结算，将未完工程结转到下一年度，此时竣工结算等于各年度结算的总和。

办理工程价款竣工结算的一般公式为：

$$\frac{\text{竣工结算}}{\text{工程价款}} = \frac{\text{预算(或概算)}}{\text{或合同价款}} + \frac{\text{施工过程中预算或}}{\text{合同价款调整数额}} - \frac{\text{预付及已结}}{\text{算工程价款}} - \text{保修金}$$

2．工程竣工结算的审查

经审查核定的工程竣工结算是核定建设工程造价的依据，也是建设项目验收后编制竣工决算和核定新增固定资产价值的依据。一般从以下几方面入手：

（1）核对合同条款。

（2）检查隐蔽验收记录。

（3）落实设计变更签证。

（4）按图核实工程数量。

（5）认真核实单价。

（6）注意各项费用计取。

（7）防止各种计算误差。

第二节　工程变更与索赔

目前，工程建设市场日趋规范，激烈的市场竞争促使项目中标价格越来越低，项目实施的风险越来越大，项目的盈利空间也越来越小。在项目实施过程中，为了规避项目风险并提高项目本身的效益，变更索赔在项目实施过程中的作用越来越重要，甚至成为项目盈亏的关键，所以在项目实施过程中必须给予足够的重视。下面本文对变更索赔的一些要点和细节进行分析，供大家参考。

一、变更索赔的概念

从概念上讲，变更和索赔是两个不同的概念。变更是指在项目实施中由于某些原因致使原合同规定内容的任何部分发生了形式、数量或质量的变化。而索赔是指在合同实施过程中，合同当事人一方因对方违约、过错或其他在签订合同时不能预知的因素而受到损失，要求对方给予赔偿和补偿的活动。从承包商的角度来说，索赔即承包商要求或申请他认为应该获得但尚未被认可的权利或付款。

（一）变更成立的前提条件

1.原合同内容必须发生了变化，这种变化包括合同项目数量的增减、项目工程量的增减、项目质量标准的提高或降低、项目工期的变化、工程的形式、基线、标高、位置、尺寸的变化等等。但是这种变化必须不能影响工程本身的使用性能和安全，否则，变更不能实施。

2.变更必须由监理单位（或业主单位）下达指示后才能实施，施工单位无权擅自变更。

（二）索赔成立的前提条件

1. 必须有变更，同时变更对己方造成了损失或影响。

2. 索赔的依据必须充分，不能违反合同条款和法律法规。

3. 索赔工作必须及时，在规定的期限内提交索赔申请。

（三）变更与索赔相互间的关系

从概念的分析可以看出，变更是索赔的基础条件，首先必须有变更，索赔才能有依据和基础。但是并不是所有的变更都能取得索赔，在索赔的过程中必须取得充分的依据来证明变更是在合同规定中允许索赔的变更。

同时，索赔对业主和施工单位是平等的，在取得索赔的同时，必须注意减少甚至杜绝对方向己方的索赔。

二、变更索赔的要点

（一）项目部应培养全员的变更索赔意识

项目全体人员，尤其是项目部管理人员都应有变更索赔意识，随时将变更索赔放在脑海中。特别是项目现场施工管理人员，变更索赔意识必须要强，因为这些人员对施工现场最为了解，最能发现哪里发生了变更，哪里有索赔的可能。这样，就不会放过任何一个索赔变更机会，就会避免应当提出的索赔不提出，或过期提出，导致损失得不到补偿。同时也会积极主动想办法，结合工地实际巧妙变更。

项目部应加强项目全体人员变更索赔意识的灌输和培养，更好地推动变更索赔工作。项目部应在项目开工时或在施工过程中不断的组织项目全体人员，尤其是管理层人员熟悉业主合同、了解合同重点内容，深入施工现场，熟悉施工规范规程，随时关注施工条件与投标条件的差异，培养索赔意识，积极主动寻找索赔变更机会。有条件时还应邀请投标人员对合同进行交底，让全体人员明白投标时对项目是怎样考虑和规划的，采用了哪些报价技巧，项目的有利条件是什么，不利条件是什么，施工时需要注意的问题，应从哪些方面去挖掘潜力，找出变更索赔点，让项目部人员在施工中有意识、有目的地去变更、去索赔。

项目部有条件时还可邀请上级单位或其他单位具有索赔经验的专业人员和专家来授课指导，培养索赔意识，开阔索赔思路，熟悉索赔技巧，提高项目部整体索赔水平。

（二）为变更索赔营造良好的外部环境

项目部要抓好外部关系的建立，处理好各方关系。很多项目部很重视和现场业主、监理搞好关系，但往往忽视了和设计、当地政府和施工单位等的关系。在变更索赔的过程中，设计是非常重要的一环，设计是一个项目的龙头，所有的变更也必须得到设计的认可才能进行施工。同时，由于我们项目辐射的面非常广，各地的施工条件、施工惯例相差非常大，而且各地都有自己在工程上的一些规定，注意搞好和当地政府以及施工单位的关系，有利于获取更多的信息，创造出有利的变更索赔条件。

（三）必须认真研究分析合同

随着工程建设市场的规范程度越来越高，业主在拟定合同时均有律师把关，合同也越来越严密和完整。而且，目前大部分业主在签订合同时为规避自身的风险，明确规定很多情况下不能变更，这对变更索赔工作极为不利。但是再严密的合同也会有疏漏、差错，也会有模糊不清的地方，项目部管理人员必须认真研究分析合同，及早发现合同中的疏漏、差错或模糊不清之处，进而研究制定出相应的变更索赔方案，力争创造出变更索赔机会。

在项目开工时，项目部必须组织全体管理人员对合同进行研究和评审，集中全体人员的智慧，发现合同中的疏漏，寻找可能变更索赔的项目和机会，对每个变更索赔机会进行分析，制定应对措施。并以书面形式下发各管理人员，使管理人员在施工过程中能心中有合同，心中有本清晰的账。同时，在工程实施中，随时对照施工现场和施工合同，以发现随着施工条件变化而出现的新的变更索赔机会。

某机场工程，所用混凝土骨料均从当地开采，按照国家矿产资源税法，开采利用岩石必须依法纳税，项目部在研究分析合同文件时，发现招标文件和合同条款内都没有提及这个问题，属于合同疏漏，当即记录在案，同时决定当事件发生时再与业主交涉。工程开始不久，工程所在地税务部门致函要求我部缴纳矿产资源税，项目部立即将函件转交业主，并说明招标文件中没有提及矿产资源税，因此在编制投标报价时未予考虑，要求业主承担。起初业主不同意，认为已经包括在税费内，是承包商的风险。由于项目部早有准备，再次致函业主，详细提供了工程报价中的税费清单，指出招标文件中漏列矿产资源税不是本单位的责任，项目部不能承受。事后查明此项税费再概算中未列，最后业主自行缴纳。

（四）充分重视索赔资料的收集整理及上报

翔实的资料、充分的依据是索赔成功的基础。要想使索赔获得成功，就必须有充分的依据和真实、详细、完整的支持性资料。标文件、合同文本以及补充条款、备忘录、会议纪要、设计图纸和修改通知、监理工程师的现场指示单、业主、监理工程师与承包商之间的往来文函都可以作为索赔的依据，而工程量签证单、基层施工单位的施工日志、工程照片、现场录像、业主供应材料的出入库单据、承包商自购材料和仪器的发票等都是重要的索赔资料。

在工程施工现场，往往很多变更都是各方在现场决定的，没有书面依据。在这种情况下，一旦各方同意变更，项目部应立即以书面联系函的形式以正常的流程递交各方审批，动作必须要快。很多变更索赔最终不能得到解决都是因为现场确定了变更但没有任何书面资料，最后在业主审计部门无法通过。项目部应有专人负责这些资料的补充、收集和保存。

变更和索赔资料的收集和整理是一项艰苦和细致的工作，它贯穿整个合同项目实施的全过程，千万不可忽视。许多索赔未获成功的案例，事后分析其原因，大多是立项依据不充分或资料不足所导致。而索赔成功的案例，无一例外都是在论据充分、资料完整的情况下取得的。

同时，变更索赔的上报也是一个重点，在资料上报时首先要及时、详细。其次，上报的总价可有条件的上浮，这样在谈判时双方都有妥协的空间。

（五）注意索赔谈判的技巧

索赔谈判一轮就成功的较少，一般要两轮或多轮谈判。在基础准备充分的基础上，请求上级领导来知道谈判。在正式谈判前，组织谈判的人员内部开会，研究和统一谈判思路和谈判策略，确定有潜力可挖的项目必须坚持不放弃，确定适当时可以放弃的项目，对谈判可能要出现的问题做好分析，估计谈判时业主、监理会提出什么问题，采取什么措施应对等。在谈判过程中要注意以下几个方面：

1. 首先要尊重对方，谈判中有争议是难免的，在争议不能得到解决时不能用尖刻的话语刺激对方，对对方进行人身攻击。这会导致一些可以解决的问题也无法解决。

2. 谈判要由易到难，从简单问题入手，从业主关心的问题入手，从业主感兴趣的问题开始谈。分层次分批次的谈，本轮解决不了的可留在下一轮谈。

3. 谈判过程中要讲事实、重证据，既要据理力争、坚持原则，又要适当让步，使双方都要有得有失，采取折中的办法解决问题。

4. 谈判中要有坚持到底的精神，经受得住挫折。绝不能首先退出谈判。对分歧意见，应互相考虑对方的观点共同寻求妥协的办法。

三、影响变更索赔的关键因素

变更索赔是一个复杂、系统的工作，除了上述几个要点外，还必须注意几个关键因素和细节。

（一）确保工程质量进度，树立良好信誉

施工质量低劣、安全事故频繁、节点工地滞后、现场管理混乱是发包方最不愿意看到的现象，也是我们索赔成功的主要障碍。要提高变更索赔的成功率，项目部必须下大力气抓好进度控制、质量控制和安全文明施工，确保工程进度满足合同节点工期要求，杜绝发生重大质量事故和安全事故，保持施工现场管理井然有序。做到了以上几点，在业主和监理心目中树立起良好的信誉和形象，得到他们的支持和信赖，就会大大提高变更索赔的成功的概率。

（二）摒除侥幸心理，索赔依据要充分

索赔不是把关系处理好了就可以随便要价的，也不是监理、业主领导口头答应了就能取得的。很多时候在施工现场确定了变更，也同意给予补偿，但往往最后却索赔失败。究其原因，就是因为项目部抱有侥幸心理，认为现场都同意了，就忽视了资料的收集和上报。所以必须清楚要想索赔成功，资料必须翔实、程序必须合法，这样的索赔才能站得住脚，才经得起审计和检查。

（三）不能急于求成，要见机行事，也要有打持久战的准备

变更索赔不仅仅是技术课题，同时也是心理战。在索赔时，时机的把握很重要，在看到希望时要趁热打铁，但一旦遇到阻碍，也不能急于求成，时间等待有时就是经济价值，因为复杂问题需要几个谈判回合才能达成共识，通过不断的谈判磨合才能增进双方互相了解，达到共同理解，从而相互妥协解决问题。况且有些问题随着时间的推移，问题会发生转化，但是看起来很难的问题到一定时候处理起来就容易了。尤其不能让对方知道急于解决问题的心理，这对索赔极为不利的。

（四）加强多方交流，寻求突破口

变更索赔的确立方式不仅仅是谈判，谈判桌下的交流也很重要。有时业主负责谈判的人员对施工现场并不熟悉，所以在谈判桌下的交流探讨有利于增进了解，在充分了解施工现场的情况下，双方能更好的达成共识。

同时，和参建同一项目的兄弟单位的交流也非常必要。通过跟他们的沟通交流，获取索赔变更信息，开拓索赔思路、视野，借鉴兄弟单位的索赔变更，更好的搞好自己的索赔变更。而且，在各单位都普遍存在而索赔难度又较大的项目上，各方也能联合索赔，增加索赔成功的概率。某工程有一索赔项目，根据招标文件淤泥清除工程量结算时必须按设计图纸提供的工程量，不允许变更。但参建的各单位均发现实际的淤泥清除量远大于图纸提供的工程量，各单位经过协商，各自提出索赔，均认为设计图纸中的淤泥勘探深度出入太大，亏损远超过项目部承受能力。业主起初也不同意，认为合同明确规定不能变更，但在全体参建单位均表示无法接受的情况下，业主最终还是选择了对淤泥深度重新进行勘探。

（五）实施奖惩措施，提高内部人员的积极性

索赔是一项高智商的脑力劳动，需要较强的专业性和技术性，需要索赔人员充分发挥主观能动性和创造性，需要花费大量的精力和时间来处理才能成功，但一旦成功能为项目部增加效益。项目部要充分调动索赔人员的积极性，根据有关规定，结合项目实际，制定项目索赔奖励办法，并严格按奖励办法及时兑现，为项目索赔变更工作创造一个良好的氛围。

总之，变更索赔工作贯穿整个工程项目的实施过程，在市场竞争激烈、变更索赔越来越困难的今天，项目部要在遵守合同的基础上，拓展思路，耐心细致的做好变更索赔工作，争取取得更好的效益。

第三节　施工成本控制

一、成本控制的原因

项目成本控制，指在项目成本的形成过程中，对生产经营所消耗的人力资源、物质资源和费用开支，进行指导、监督、调节和限制，及时纠正将要发生和已经发生的偏差，把各项生产费用控制在计划成本的范围之内，保证成本目标的实现。施工项目成本控制的目的，在于降低项目成本，提高经济效益。

二、成本控制的原则

项目成本控制是项目管理的重要知识领域，是项目管理的主要职能之一。其具体原则主要有：

（一）目标管理原则

目标管理原则是指控制工作应着眼于目标，而不是出现偏差时才去控制。由于项目控制有个滞后问题，所以控制系统应以前馈控制为基础而不是简单地以信息反馈为基础，从而使管理人员能够采取各种有效方式预防偏差。包括目标的设定和分解，目标的责任到位和执行，检查目标的执行结果，评价目标和修正目标，形成目标管理的计划、实施、检查、处理循环，即 PDCA 循环。

（二）全面控制原则

全面控制管理是全企业、全员和全过程的管理，亦称"三全"管理。项目成本的全员控制有一个系统的实质性内容，包括各部门、各单位的责任和各小组经济核算等等，应防止成本控制人人有责，人人不管。项目成本的全过程控制要求成本控制工作要随着项目施工进展的各个阶段连续进行，既不能疏漏，又不能时紧时松，应使施工项目成本自始至终置于有效的控制之下。

（三）主观能动性原则

主观能动性原则是指在项目运行与控制中，要充分发挥管理人员的积极性与主动性。

变要你管理为你要管理。建立健全各类管理人员与操作人员的岗位责任制度，牢记自己的工作职责与成果的质量。从大处着想，在细微处入手。在管理中要研究人的个性与能力，配备好的项目领导班子与管理人员。避免由于项目管理人员工作个性不合而影响整个项目的进程。

（四）动态控制原则

任何系统都是动态变化，不是一成不变的。建设工程要把设计蓝图变为可满足人们需要的建筑物或构筑物。由于地质条件、天气、物价等因素的影响，原来制定的成本控制措施与方法很有可能要发生变化，这时就需要随着项目的推进，定期调整项目成本计划与目标，以便为下一步成本控制做准备。

（五）实时控制原则

成本发生过程的控制越短越好，边干边算，实时控制。但工程项目是传统产业，不是自动化生产线，受到管理手段和反应能力的限制，全面的即时信息采集和反馈不易做到。但在一道工序执行过程中和完成后，岗位应进行自我成本核算。项目成本控制在经营活动中可能产生一定的偏差，只有及时采取措施加以纠正，才能防止偏差的扩大或造成其他不良的影响。因此，最好的办法就是实时控制，在偏差未产生以前，就采取防范措施，防止实际成本偏离预算成本。

（六）成本最低化原则

施工项目成本控制的根本目的，在于通过成本管理的各种手段，促进不断降低施工项目成本，以达到可能实现最低的目标成本的要求。在实行成本最低化原则时，应注意降低成本的可能性和合理的成本最低化。一方面挖掘各种降低成本的能力，使可能性变为现实；另一方面要从实际出发，制定通过主观努力可能达到合理的最低成本水平。

（七）责、权、利相结合的原则

在项目施工过程中，项目经理部各部门、各班组在肩负成本控制责任的同时，享有成本控制的权力，同时项目经理要对各部门、各班组在成本控制中的业绩进行定期的检查和考评，实行有奖有罚。只有真正做好责、权、利相结合的成本控制，才能收到预期的效果。

（八）例外原则

所谓例外原则就是指主要管理人员应着眼于计划实施中的例外偏差（超出一般情况的好或特别的坏），对于控制标准以内的问题，不必事无巨细，样样都控制。对于与成本目标差异较大或经常发生差异或可能引起性质严重问题的部位或因素，应重点检查，采取措施加以纠正。

三、成本控制的四个环节

（一）人的环节（项目的管理者和施工人员）

施工项目组织机构管理是项目经理负责制，因此在项目经理的选择上，就要本着是否能够进一步充分发挥项目管理功能，提高项目整体管理水平，以达到项目管理的最终目标为基准点。因为，一位出色的项目经理可以使项目经理部成为一个指挥灵便、运转自如、工作高效的组织机构。这样的组织机构，可以有效地完成施工项目管理目标，有效地应付各种环境的变化，形成组织力，使组织系统正常运转，产生集体思想和集体意识，完成项目部管理任务。那么，工程质量的好坏，企业形象如何，企业品牌战略的推行快慢，企业无形资产和有形资产增加与否，都和项目经理有关，更重要的是项目经理的选择成为施工项目成本能否得到有效控制的关键。

项目经理作为一个工程项目承包方的第一负责人，可以在上级授权范围内充分行使人、财、物的权力。因此，选择什么人担任项目经理，要根据施工项目的需要，以不同的项目需要选择不同素质的人才，同时，还要求其应具备一定的领导才能、政治素质、理论知识水平、实践经验、时间观念等基本素质。除此之外，还要和项目经理签订奖惩合同，即要调动项目经理的积极性，又要对其有所约束，防止造成对施工项目成本的失控。

施工人员也是人的环节上的重要一点，要选择技术素质高且工作稳定、劳务价格适中的劳务作业队伍和人员，实行动态管理。要合理安排好工作面，鼓励工人用足工时，多完成作业任务，提高定额水平和全员劳动生产力，严格按定额任务量考核计量和结算，实行多劳多得，充分调动施工人员控制施工项目成本的积极性。施工项目成本控制的关键在于人，只有充分发挥成本控制人员的积极性，尤其是施工现场施工人员的积极性，增强其责任感和成本控制的自觉性，群策群力，才能做好成本控制工作，施工项目成本才能得到有效的控制。

（二）材料的环节

材料是构成建筑产品的主体，因为工程所需材料费占总成本的60%—70%左右，显然在施工项目中，要想控制施工总成本，就必须对材料的成本控制高度重视。这就要求材料加强管理，具体到每一个细节，减少施工过程中不必要的经济损耗。例如：实行限额配料，根据实际情况同各班组或分包商确定合理损耗率，实行包干使用，节约有奖，超额则罚。材料用量和个人经济效益挂钩，实行收料记录制度，建立明细账，防止现场仓库账目与实物不符。领料时，施工班组应清点并确认，严格按照手续办理，杜绝浪费及盗窃等漏洞。合理确定进货批量和批次，尽可能降低材料储备，合理使用建设资金。

（三）机械的环节

在机械设备的使用上，要根据项目的投资环境、工程性质、施工组织设计要求相关规定，制定出切实可行、科学合理的施工配置计划。所配置的施工设备的型号、规格、能力与工程任务和环境相适应，形成与工程量相匹配的机械化施工能力。防止片面追求施工设备新、大、多、先进的倾向。加强现场设备的维修保养工作，降低大修，经常性维修等费用开支，避免因计划不当而造成的设备闲置，充分利用闲置机械资源，降低机械台班价格。因此，在机械设备上，应通过重点抓好机械设备的合理使用和机械设备费的控制，而达到降低成本的目的。

（四）组织施工的环节（施工方案和施工工序）

这个环节是整个项目施工中最具动态和复杂的一环，它运行的成功与否直接影响到整个项目的成本控制的成效，甚至是关乎项目的成功和失败。这就要求在组织施工时必须本着科学、合理、认真、细致的原则，从项目的实际出发，来切实地做好这个环节的工作。

在制定施工方案上，充分做好工程项目各个阶段的施工方案比选工作，选择经济合理的施工方案，可以降低工程成本。因而，在工程项目施工的各个阶段、各个环节、都要进行施工方案比选，通过这个方法达到成本最低，效益最高的目的。例如：工程项目建设初期，都有临时设施搭建问题，对临时设施可以采取自建、租用、自建和租用相结合等方案，这就要求根据施工环境、工期等因素和条件，选择最为经济合理的方案。在施工机械和设备的配备选择上，要经过充分论证，是需要购买或租赁，因为机械费用比例很大，如果仅凭个人武断，不讲科学，将可能造成巨大的损失。因此，在制定施工方案上，要结合项目的规模、性质、复杂程度、现场条件、装备情况、人员素质等方面综合考虑，从可行性、合理性、经济性层面进行比较，选出最佳的施工方案，以期达到节约成本的目的。

施工工序是形成施工质量和安全管理的必要因素，施工质量和安全管理又是实现工程项目的有效管理、达到整个项目施工成本控制的重要工作。在整个工序中，要严格遵守工艺流程，要严格按照施工规范和操作规程施工，控制工序活动条件的质量，采用数理统计方法，通过对工序部分检验的数据进行统计、分析，来判断的质量是否稳定、正常，使工序始终处于良好的受控状态。同时，实行自检、互检、交接班检的三检制度，及时发现并纠正施工过程中的错误，把工程质量从事后检查转向事前控制。此外，还要严格安全生产操作规程，做好劳动保护和安全生产的各项工作，加强检验和监督，及时发现和解决事故隐患，从而避免质量和安全事故的发生造成的损失。

四、成本控制的方法及措施

降低施工项目成本的途径，应该是既开源又节流，或者说既增收又节支。两者缺一不可。控制项目成本的措施归纳起来有三大方面：组织措施、技术措施、经济措施。

（一）组织措施

项目经理是项目成本管理的第一责任人，全面组织项目部的成本管理工作，应及时掌握和分析盈亏状况，并迅速采取有效措施；工程技术部是整个工程项目施工技术和进度的负责部门，应在保证质量、按期完成任务的前提下尽可能采取先进技术，以降低工程成本；经营部主管合同实施和合同管理工作，负责工程进度款的申报和催款工作，处理施工赔偿问题，经济部应注重加强合同预算管理，增创工程预算收入；财务部主管工程项目的财务工作，应随时分析项目的财务收支情况，合理调度资金；项目经理部的其他部门和班组都应精心组织，为增收节支尽责尽职。

（二）技术措施

1. 制定先进的、经济合理的施工方案，以达到缩短工期、提高质量、降低成本的目的。施工方案包括四大内容：施工方法的确定、施工机具的选择、施工顺序的安排和流水施工的组织。正确选择施工方案是降低成本的关键所在。

2. 在施工过程中努力寻求各种降低消耗、提高工效的新工艺、新技术、新材料等降低成本的技术措施。

3. 严把质量关，杜绝返工现象，缩短验收时间，节省费用开支。

（三）经济措施

1. 人工费控制管理。主要是改善劳动组织，减少窝工浪费；实行合理的奖惩制度；加强技术教育和培训工作；加强劳动纪律，压缩非生产用工和辅助用工，严格控制非生产人员比例。

2. 材料费控制管理。主要是改进材料的采购、运输、收发、保管等方面的工作，减少各个环节的损耗，节约采购费用；合理堆置现场材料，避免和减少二次搬运；严格材料进场验收和限额领料制度；制订并贯彻节约材料的技术措施，合理使用材料，综合利用一切资源。

3. 机械费控制管理。主要是正确选配和合理利用机械设备，搞好机械设备的保养修理，提高机械的完好率、利用率和使用效率，从而加快施工进度、增加产量、降低机械使用费。

4. 间接费及其他直接费控制。主要是精简管理机构，合理确定管理幅度与管理层次，节约施工管理费等。

项目的施工过程由于是一个动态的投入和产出的过程，影响施工项目成本的因素很多。总的来说，要搞好成本控制，必须针对不同的施工项目的实际状况，对影响施工项目成本的因素结果进行认真分析，抓住以上三个重要环节，通过组织、技术、经济措施才能及时、准确、有效地做好施工项目成本控制，实现施工项目盈利最大化和成本最小化的目标，提高企业的社会效益和经济效益。

第十一章 交通运输成本与价格

第一节 运输成本

一、运输成本的概念

运输成本是运输企业进行运输生产活动所发生的各项耗费和费用，如职工工资、燃料、电力、维修、管理费等，这些费用的综合构成了运输总成本。

二、运输成本的意义

运输成本是一个重要的综合性质量指标，它能比较全面地反映运输企业生产技术和经营管理水平。运量的增减、劳动生产率的高低、技术设备的改善及其利用程度的好坏、以及燃料、电力的消耗水平等，最终都会在运输成本上反映出来。因此，运输成本在运输企业生产和经营管理中具有重要作用。

1. 运输成本是运输企业维持简单再生产所需资金的主要保证。安排好各种维修、养护费用开支，对运输设备的运用与维修养护，完成运输任务和提高设备质量，保证运输安全等有重要作用。

2. 运输成本是反映运输过程消耗及其补偿的重要尺度，运输成本说明运输企业生产耗费的多少，只有当运输收入至少能弥补运输成本的情况下，企业才能回收在生产中所消耗的资金，保证再生产得以顺利进行，并进而取得盈利，为扩大再生产创造条件。

3. 运输成本是制定和调整运价的重要依据，只有在运输成本的基础上，加以适当盈利，按照国家的运价政策，才能制定出大体上符合运输值和价格政策的运价。

4. 运输成本是进行技术经济分析、评价经济效果和进行决策的重要依据，也是进行各种运输方式运量分配和合理调整生产力布局的重要因素。

5. 运输成本也是考核和改善企业经营管理水平的有力杠杆。

运输成本管理的基本任务就是通过成本的预测、计划、控制、核算、分析和考核等环节，反映运输企业生产经营成果，挖掘降低成本的潜力，努力降低运输成本，提高经济效益。

三、运输成本的特点

由于运输业在生产和组织管理上有着不同于工业的特点，反映在运输成本上也有区别于一般工业（主要是加工工业）产品成本的特点。

1.运输业的生产和销售过程合二为一，边生产边消费。

2.运输成本中没有组成产品实体的原材料支出，生产消耗的多少主要取决于车船（飞机）运行距离的长短，而不是取决于完成周转量的多少。

3.运输业资本密集，固定成本占比重最大，约为全部成本的三分之一。

4.运输成本的计算对象是旅客和货物的位移，计量单位采用运输数量和运输距离的符合计量单位，即按为旅客人千米和货物吨千米计算。

四、运输成本的构成

各种运输方式的运输成本，是根据每种运输方式在生产过程中所消耗的各种支出费用构成的。由于各种运输方式的特点不同，运输成本的组成项目不一定相同，各种费用在总成本中所占的比例也不一样，各种运输方式的成本构成也不一致。

1.铁路运输成本始终和机务车辆车站等直接从事运输生产单位发生的各种费用来进行计算的，各项费用包括员工工资、材料、燃料、物料、电力、固定资产的折旧和管理费用等。

2.水运运输企业的成本可分为船舶费用和企业管理费用两大类。其中船舶费用是指船舶从事运输生产所发生的各项费用，如船员工资、燃润料、材料、基本折旧、修理、港口费，事故损失费和其他分摊的费用等。

3.公路运输的成本项目分为车辆费用和企业管理费用两大类。车辆费用包括工资及福利费，燃料费、轮胎费、营运车辆保险费，大修理计提、折旧费，养路费等。

4.航空运输的成本项目分为飞机费用和企业管理费用两大类。飞机费用包括飞机折旧、飞机维护费、保险费、油耗、机场费、装卸费、工资等。

5.管道运输的成本项目分为管道费用和企业管理费用两大类。管道费用包括管道折旧、管道维修保养费、装卸费、工资等。

由于各种运输方式技术经济特性不同，营运工作条件不同，各项费用在总费用中所占的比重也各不相同。比如：在铁路运输成本中，铁路线路的维修费包括在成本内，水路运输成本中则不包括航道的维修费，而公路运输成本中养路费则占很大比重；在铁路成本中，工资的比重较大，这是因为铁路运输中除了有庞大的运输组织工作人员外，还有线路维修和线路建筑物的维修和机车车辆维修人员；水运则不计航道和航标工作人员，工资支出所占比重较小。

五、影响运输成本的因素

影响因素	影响的原因	表现形式
货物运送距离	直接对劳动、燃料和维修保养等变动成本发生作用	固定成本的分摊额随着运距的增加而减少
载货量	对变动成本发生作用	固定成本的分摊额随着载运量的增加而减少
货物的积载因数	运输工具更多受到的是容积限制，从而影响变动成本	货物的积载因数越高，每吨货所分派的固定成本就越高，运输成本就越高
运输工具装载能力的利用	货物的尺寸及其对运输工具的空间利用程度的影响	装载能力利用越充分，运输成本越低
装卸搬运	装卸搬运的效率直接影响运输工具的停时	效率越高，停时越短，运输成本越低
运输事故损失	影响间接成本	事故的损失造成间接成本增加
运输需求的不平衡性	影响运力的配备和运输的经济性	方向不平衡性会造成空驶，时间不平衡性造成机会成本和固定成本的损失

六、五种运输方式运输成本特点

1. 铁路运输成本特点

（1）没有原料支出，固定资产折旧费占较大比重。

（2）运输成本和运输距离表现为递远递减的关系。

（3）按照运输生产作业过程来说，铁路运输成本是由始发和到达作业支出、中转作业支出、运行作业支出三部分组成。

优：运输成本较低。由于铁路运输成本没有原料支出，固定资产折旧费所占的比例较大，而且铁路运输一般都是长距离、大运量运输，因此，铁路运输的单位运输成本比公路运输和航空运输成本低，在有些情况下甚至比水运的单位运输成本也低。

劣：铁路运输的缺点是基础设施建设投资比较大，金属的消耗量比较大。

2. 公路运输成本特点

（1）随着装载量的增加，公路运输平均每吨或每人的运输成本会降。虽然随着装载量的增加，燃料的耗费会增加，但是不会是成比例的增加。而且，至少作为成本中两个重要的部分，人工费和维修费几乎是不变的。

（2）随着车辆载重吨位或者客运座位数的增加，公路运输的吨公里或人公里成本会降低。这是因为，大型车辆的人工费、燃油费、维修费、其他费用相对来说更小，车辆会有较高的产出率。

优：建设投资少，资金周转较快，回收期比较短。公路运输投入的资金每年可以运转3次，而铁路运输3到4年才可以运转1次。

劣：公路运输与铁路和水运相比，他的缺点主要是能耗和单位运输成本较高，一般不适用于大宗、长距离货物的运输。

3．水路运输成本特点

（1）固定资产折旧费占较大比重。这是因为水路运输过程主要是在水中进行，需要通过港口中转才能和其他运输方式衔接。所以，不论是内河运输还是远洋运输，港口的建设总是先于航道的建设，同时港口建设还需要大量的配套设施建设。

（2）运输成本随船舶吨位的增长而降低。吨位越大的船每吨公里平均运输成本就越低，但前提是运量和对应港口的吞吐能力足够大。

优：运营的成本低。由于运输船舶的运输量大，运输的里程较远，运输费用较低，所以与其他运输方式相比，水运运输的单位运输成本较低。

投资少。由于水运运输大多利用的是天然的航道，所以投资较省。在远洋运输中，运输航道的开发几乎不需要支付费用，因为利用的基本上都是天然航道。而在内河运输中，对其航道的开发支出也远远小于修建铁路或公路的费用支出。

劣：无法形成全国性的水运网，经常性较差；受季节和气候影响大；速度较慢。

4．航空运输成本特点

（1）存在飞机容量经济。飞机容量经济是指大型飞机的运输成本要低于小型飞机的运输成本。主要是因为空乘人员的工资会随着载客量的增加而使单位运量上的分摊额减少，同时大型飞机的耗油量也相对少。

（2）机场的拥挤程度对飞行成本也有影响。当发生机场拥挤时，在地面的飞机会排队等候起飞，在空中的飞机会排队等候降落，这一方面会使效率下降，一方面会增加飞行成本。

优：建设周期短，投资较少，投资回收快。

劣：飞机的造价非常高，运输成本高，能耗量很大，相对运输能力小，对技术的要求较为严格，且在运输的过程中受自然条件的限制比较大。

5．管道运输成本特点

（1）固定设备费用占比重很大。管道由于主要在地下掩埋，所以运输成本主要是管道使用成本，再加上维护费、保养费等。

（2）管道运输最显著的特征是管道的规模经济性。天然气或者石油管道在运距不变的情况下，管道的直径越大平局成本就会越低。有研究表明，管道运输能力增大一倍，单位吨公里的运输成本会降低30%。

优：能耗小，运输成本低。

劣：管道运输基础设施建设投资较大，对金属的消耗量也大。

本书浅析了 5 种运输方式的运输成本，得出 5 种运输方式各有优缺，成本差异性存在。我国的运输业发展至今，已不再是过去以单一运输方式为主就可以满足各种运输需求的状况了，而是要求各种运输方式之间合理协调与分工的综合运输。例子：一个关于百米赛的问题："即赛程为 100 米，参赛的选手有骑自行车，骑摩托车，骑马，开小汽车以及一个运动员，试问哪一个最先通过终点？"答案是运动员。因为在距离很短的条件下，运动员起跑的反应时间最短，所以说他的加速度也是最大的，能在很短的时间内以最快的速度通过终点。所以说在该种条件下，最快的并不是小汽车，而是运动员。只有用动态的模式，站在整个运输方式的角度去界定每种运输方式的技术经济特性，才能在运输资源配置的过程中充分地发挥各种运输方式的技术经济优势，提高运输效益和效率。在综合运输体系的规划设计中，应充分考虑各种运输方式的运输成本因素，使各种运输方式之间更好的协调配合，充分发挥各自优势，加快我国综合运输体系的建设。

第二节　运输价格

运价是运输部门凭以计算运输费用，取得运输收入的依据，其中生产性消费的旅客和相当一部分物资单位向运输部门支付的运输费用，最终将追加到产品的成本中去，成为计算和确定社会各种产品价格的依据。因此，运价对工农业产品的价格形成，对国民经济产、供、运、销及人民生活都有着广泛的影响。

因此，合理制定运价，发挥运价的杠杆作用，有效地体现运价所具有的各种职能，使运输业朝着建立有效、合理的综合运输体系发展，是运输经济学研究的一个重要内容。

一、运价的特点

运价的特点是由运输业的特征所决定的。运输业的产品不具有实物形态，同时也不能储存。运输业的这些特征决定了运输价格在形式上具有不同于工农业产品价格的特点。

（一）运价率随运距延长而递减

对不同的运输距离分别规定不同的运价，是由于运输产品以复合指标即吨公里或人公里为计算单位，因而，运输距离也就成为运价结构中的一个重要因素。运价不仅要反映运输量的多少，而且应当与运输距离的远近相适应。这种按距离不同而区别的运价，一般以每吨公里或人公里若干金额来表示。

单位运输成本一般随着运输距离的增加而降低，而运价的高低一般是以运输成本为基础来制定的。所以运价按不同距离而有所区别。这主要反映在运价率随运输距离的延长而不断降低，在近距离时降低速度较快，在远距离时降低速度渐慢，超过一定距离则不再降低。但总的运输费用，则随着运距的增加而增加。其函数关系如下式所示。

运价率＝固定运输费用／运输距离＋单位运输距离／变动运输费用＋单位利税

这种关系可用图 11-2-1 来表示。

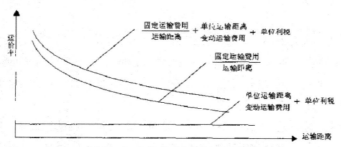

图 11-2-1 运价率与运输距离的关系

运价之所以具有这种特点、是由于对于被运送的对象而言，每个运次的固定费用支出是按被运送对象的运输距离分摊的、被运送对象的实际被运送距离越长，按其单位运输淇程分摊的固定运输费用就越少，而且运价率的下降速度就越慢。

（二）运价只有销售价格一种形式

有形产品一般有出厂价格与销售价格之分，但运价却没有价格形式的区别，而只有销售价格一路形式，这是由运输生产过程具有即时性的生产特点所决定的。

由于运输的生产过程与消费过程同时发生，消费不能脱离生产过程独立进行，因而运价只能有一种形式即销传价格形式。

依据运价所确定的运输费用是形成工农业产品的销售价格高于出厂价格或收购价格。零售价格高于批发价格的重要因素。由于运费对产品成本高低的影响，随产品和与其产品形成有关的原材料、配件的运距长短和运输方式的不同而异、因而对于运输需求用户而言，采用适当的运输方式，并选择合理的运输线路，是降低运费负担从而降低产品成本的重要措施。

（三）运价的种类繁多

运输需求多种多样，其运输对象性质不同、批量不同，并且使用的车型、运输距离、道路条件和运输力形式均存在着不同程度的差别，所以其运价也就不同。

运价随运输对象、运输方式和运距不同而呈现多样化，这是运价区别于其他有形产品价格的重要特征。

（四）运价的制定与管理

运价对国民经济的生产与流通，特别是对工农业产品最终价格的形成有着直接广泛的影响。因此，运价规则是由国家主管部门制定的，并由其统一管理。

二、运价的职能与作用

（一）运价的职能

1. 分配资源

经济社会不断进行着商品、劳务的生产和消费，而用于生产的人力、物力、财力等资源是有限的。消费者通常根据商品价格来决定商品的消费量，而某种商品的消费量的增减，可能导致其他商品消费量的减增，从而决定该商品生产量的增减。因此，价格具有分配资源在各类商品中的生产、消费量的职能。

对运输业来说，通过运价可决定对各个交通部门和交通设施的投资量、决定现有各种设施的利用程度。例如，某种运输方式在一定的运价水平下需求增加，就会比其他运输方式获得更多的效益，也就会导致更多的经济资源投入到该种运输方式中去。因此，运价可以调整资源在交通部门或运输方式之间的分配。

2. 收入再分配

运费的支付即收入由消费者向生产者的转移。同样的运输，出于政策调控和照顾实际情况等因素的考虑，对利用者制定不同的运价，在一定程度上意味着高价利用者对于低价利用者的补助，实质上形成收入的再分配。例如，各运输部门设立的各种学生票、月票制度，各类货物的差别运价，公共汽车较便宜的票价等均在实际上起到了对收入进行再分配的效果。

对于运输这样的服务性及福利性行业，发挥运价收入再分配的职能，能够满足特定对象的社会需求，扩大运输服务的范围。但对于其他有形产品的行业所谓价格的收入再分配职能，是指为了满足社会偏好，人们可以人为地为某些产品制定高价或低价，从而实现交换双方的收入再分配。

3. 刺激经济效益

刺激经济效益是指通过运价刺激每个运输企业改进技术，降低成本，提高劳动生产率的职能。

价格反映平均的社会劳动量，而不管个别企业的实际劳动耗费的高低。因此，无论供求是否平衡，在正常的情况下，对同类货物的运输，只能有一个价格或基准价格，每个运输企业必然要接受这把统一的社会尺子加以衡量与检验。如果企业的运愉效率低，收入就会少，获取的利润就少。因此，运价刺激每个运输企业努力降低成本，增加收入，尽力使自己的个别成本低于社会成本，以便获取较高的利润，所以价格是促使企业提高经济效益的重要手段。

4. 调节供求关系

运价的调节职能即平衡运输供求的职能。

　　价格的调节职能对运输生产者来说，表现为供过于求而迫使价格下降时，运输生产者无法通过运价的收入得到正常的利润，就可能被迫缩小生产规模，或转而从事别的产品的生产。如果供不应求而使价格上升时，将使生产者增加生产，或使新的企业投入运输行业，使得总供给与价格按同一方向变动。运价所反映的不平衡的供求关系及价格对价值的背离，会使运输生产得到调节，资金在各运输方式或部门之间发生转移。

　　价格的调节职能对运输需求者来说，表现为在一定的收入条件下，由于运价的变动，消费者会不断地对运输需求的结构做出新的调整与选择，在某种运输方式的运价提高时，一般来说，需求者对该种方式的需求必然减少，运价降低时，则需求必然上升。总之，对运输的需求一般是按与运价相反的方向变动的。当然，在供不应求的情况下，即当总的运输能力不足时，即使提高运价，也不一定导致运输需求减少到运输能力以下。在这种情况下，必须增加运力，才能满足对运输的需求。

　　在现实的经济社会中，由于运价与各类商品价格有着十分密切的关系，它的变化对整个国民经济的影响很大，因此，几乎所有的国家的运输价格都受政府不同程度的控制，以保持运价的稳定性和统一性。也就是说，运价的基本职能在实际上并不能完全地得到发挥。

　　在市场经济下，为尽可能充分发挥运输价格的职能，可采取的做法是：运输生产者如果通过市场的竞争，了解到运输市场现已供过于求，或者供不应求，那么就应通过价格的手段去平衡，努力使供需关系趋于和谐，实现价格调节供求的职能。因此，给企业一定的定价权是十分必要的。当然，实行浮动运价，包括浮动的幅度、浮动的时间等都要得到有关部门批准。

（二）运价的作用

　　运价的职能和作用是两个既有内在联系，又有区别的概念。运价的职能是价格在国民经济某一方向所具有的机能，它是价格固有的功能；运价的作用，是运价实现其职能时在国民经济运行中所产生的效果，是运价内在职能的外在表现形式。

　　合理的运价可对国民经济的发展起到一定的积极作用。

1. 正确制定运价，有利于促进各种运输方式之间的合理分工

　　运输量在各种运输方式之间的合理分配是组织合理运输的一个重要方面，它可以推动各种运输方式共同满足用户的运输需求。正确制定各种运输方式运价间的比例关系，有利于运量在各种运输方式之间的合理分配。例如，为了促使短距离运量由铁路运输转向汽车运输，可以把铁路短距离运价规定得相对高一些；为了加强路港合作，鼓励联运，可以实行水陆联运价格，规定凡经由水陆联运的货物，实行减成计费等。

2. 正确制定运价，有利于组织合理运输

　　为了促进运输合理化，运价实行有差别递远递减原则，并对某些主要大宗货物，根据其正常的产、销联系条件，分别规定运价按里程递减的终止里程，以资鼓励或限制。对某些不合理运输的方式，也有可能通过运价来加以制约。

3. 正确制定运价，有利于促进商品的流通

商品的流通必须通过运输来实现，但是运输费用的高低直接影响这种流通的进行。如果运价过高，就使流通费用增大，会增加商品的售价，甚至成为市场无法接受的价格，从而使流通无法进行。可见，正确地制定运价有利于促进商品的流通。

4. 正确制定运价，有利于促进生产力的合理布局

货物运费是产品价格的重要组成部分，产品生产地点距离原材料产地及销售市场的远近对产品价格中运输费用所占比重有很大影响，运输距离越长，所支付的运费就越多。因此，正确地确定同一生产系列的原料、燃料、制成品的运价比例关系，正确制定各种货物运价率随里程的变化关系，以及正确规定某些特定的运价措施，既有利于资源的开发和利用，也有利于商业和工业地点的合理布局。

正确的运价还可以使生产地接近消费地，就近建厂；同样，正确的运价还可以对某些过远运输加以一定的限制，使之成为重要的制约条件。对于新的经济区的开发或支持边远地区的建设，则可采取运价上的优惠办法，以利于生产力布局的合理化。

5. 正确制定运价，可以促进国民收入的合理分配

国民收入在国家、企业个人之间的分配与再分配，除按国家计划运行外，还通过价格这个杠杆来实现，由于运输价格是社会商品价格的有机组成部分，其高低都将直接或间接地影响国民收入的再分配。

6. 正确制定运价，有利于国民经济的发展

运输起着国民经济各个部门、地区和城乡之间经济活动的"纽带"作用，合理地制定运价可以从经济上保证这种作用的充分发挥。它还能与其他商品的价格形成合理的比例关系，有助于国民经济各部门的均衡发展。

合理的运价对整个运输业的发展起着积极的推动作用，可以在经济上刺激运输业改善经营管理，降低运输成本。提高服务质量，以利于发展国民经济，提高人民的生活水平。

第三节 运输定价

一、运输定价概述

运输业的运价主要是实行国家定价的制度，从而实现国家宏观经济控制的目的。所以，运输定价要以社会效益或社会利益及运输行业、运输企业利润最大化为定价目标。

国家定价制度，包括计划价格、基准价和浮动价格幅度、最高价和最低保护价以及价格听证等制度。

（一）运价制定的理论

随着运输经济学的不断发展和完善，运价的理论和政策的研究也不断地深入，形成了许多的学说和观点，对这些理论进行研究，无疑将对我国运价体系的不断完善具有借鉴意义。

1. 运输成本理论

所谓运输成本理论，即指运价总收入必须足以支付运输业务的全部成本，成本决定运价，价格必须反映价值。否则，运输业的经营活动就无法维持，更不可能有较多的利润进行投资和扩大再生产。

当然这里所说的运输成本不是指特定的、个别的企业运输成本，而是指某个范围内的社会运输成本。

2. 运输价值理论

运输价值理论，它是根据运输对象的负担能力决定运价，也就是指运输利用者所承认的并愿意为之负担的运输价值。

运输价值理论主张运价上的差别，亦即高价商品的运价应高于低价商品，因为运价在高价商品的价格中所占比重小于在低价商品中所占的比重，高价商品的运输负担能力高于低价商品。当然这一理论未考虑运输对象所发生的直接成本。高价商品的运价可能大大高于运输成本，使运输企业获较大的利润，而低价商品的运价则可能低于运输成本。这在实际上起到了收入再分配的效果。

3. 边际成本理论

边际成本理论，主张从经济资源的最佳分配这一立场来决定运价。其论点为：根据产品价格与其边际成本一致的原则来决定运量，整个社会便会形成最佳运输量，获得最佳经济效益。

边际成本是指每变动一个单位产量所变动的成本，如果成本增加，则可称为新增成本。由于企业最关心的是找到一个能获得最大利润的运量，故对因运量变动所发生的新增成本十分重视。甚至不亚于对平均成本的重视。如果价格高于边际成本，则增加产量，产生的社会价值将高于使用资源的价值，这对整个社会是有利的，企业也能从中获得利润；如果价格低于边际成本，则减少产量，导致节约的资源价值大于减少了的产量的价值，这样，资源便可以转到其他生产上去，从而使资源得到最佳分配。因此，在由边际成本理论制定的运价指导下所决定的运输供应量，要正好和需求相一致。

以上三种理论中的运输成本理论所形成的价格是供给价格，它所表示的是运价的最低限度。而运输价值理论所形成的价格是需求价格，它所表示的是运价的最高限度。如果运输价格高于由运输价值理论所决定的价格，则运输利用者无力承担；如低于运输成本理论所决定的价格，则运输业自身无法生存。因此，实际的运价应介于两者之间。

（二）我国运价的制定

运价的基础是运输产品的价值，运价的形成如果离开这个基础，就失去了科学的依据。运输产品的价值与其他商品一样，也是由生产过程中消耗的生产资料的价值（C），劳动者为自己劳动所创造的价值（V），以及劳动者为社会所创造的价值（M）三部分组成的，可以用公式表示为：

运输产品价值 = $C + V + M$

运价的构成是以价值的构成为基础的，价格构成是价值构成的货币转化形态。

和价值的三个组成部分相对应，价格也由三个部分组成，即已消耗的生产资料的价值（C'）的货币形态即物质消耗支出；劳动者为自己创造的价值（V）的货币形态即工资支出；劳动者为社会劳动所创造的价值（M）的货币形态即赢利。粗略地说，物质消耗和工资支出之和通称为成本，而赢利可分解为利润和税金。所以运输价值与运输价格的关系可用下式表达：

$P = C + V + M = F + T + K$

式中，P 为运价；F 为运输成本；K 为运输利润；T 为运输营业税金。

由于运输营业税金 T 与税率 a 和运价 P 的关系为：

T=Pa

所以有

$P = (F + K)/(1 - a)$

运价构成中的利润，是运输企业为社会劳动的价值货币表现中的一个重要组成部分。在市场经济中，由于部门与部门之间、企业与企业之间存在一定程度的竞争，从而使得资金在一定程度上可以在行业间转移，并通过竞争和调整，使得利润在各个部门之间不断趋向于平均化。显然，这种利润水平的部门之间平均化是制定运价的基础。关于利润分配的基础，在这里主要介绍 3 种观点。

1. 按社会平均工资利润率确定货物运价中的利润水平

设社会工资总额为 ΣV，利润总额为 ΣM，则社会工资利润率为：

$$W = \frac{\Sigma M}{\Sigma V}$$

工资利润率 W，反映劳动者为社会的劳动与为自己的劳动之间的比例关系。若运输部门平均工资为 V，则运价中的利润为

$K = V \cdot W$

从而，运价 P 可用下式表示

$$P = \frac{F + V \cdot W}{1 - a}$$

主张按这种方法来确定利润的基点是：全社会的利润是由活劳动创造的，因此社会利润在各个部门之间的分配，也应按活劳动消耗的多少来进行，而工资量的大小，基本反映了产品中活劳动的消耗，因而能大体上符合产品的价值。

但是，必须看到其本身的不足之处。

（1）现行的工资结构并不能准确反映活劳动消耗的比例关系，有许多问题在短期内不可能得到解决；

（2）这种方法不能适应现代化大生产发展的需要，因为价格中的利润水平并不反映资金占用量的大小，投资越大，越是现代化的部门因其工资总额比重较低，计算出的利润反而越小；

（3）各个部门提高劳动生产率，节约活劳动越多，利润越小，而投资越小，手工劳动比重大的部门则处于有利地位。因此，不利于淘汰落后的工艺以及先进技术的开发利用；

（4）投资不以资金利润率作为选择标准，必然不利于投资的回收，从而加剧资金的紧张。所以这种方法对投资额较大的运输业来讲，是不太适宜的。

2. 按社会平均成本来确定货物运价中的利润水平

按社会平均成本来确定货物运价中的利润，是基于企业的利润与生产成本之间存在的比例关系。

设社会成本总额为 $\sum F$ ，利润总额为 $\sum M$ ，则社会平均成本利润率为：

$$\beta = \frac{\sum M}{\sum F}$$

设运输部门的平均成本为 F，则运价中的利润为：

$$K = F \cdot \beta$$

从而运价为：

$$p = \frac{F(1 + \beta)}{1 - \alpha}$$

这种方法的最大优点是既反映物化劳动，又反映活劳动的消耗，确定利润也简便易行。所以我国在制定运价时常沿用这种方法。

当然，这种方法也有其不足之处。

（1）没有反映资金占用情况；

（2）原材料成本高的部门其利润水平过高：

（3）容易造成利润的重复计算。

3. 按社会平均资金利润率来确定运价中的利润水平

设社会产品占用资金总额为 $\sum H$ ，利润总额为 $\sum M$ ，则社会平均资金利润率为

$$\Delta = \sum M / \sum H$$

设运输部门平均占用资金为 H，则运价中的利润为

$$K = H \cdot \delta$$

从而运价为

$$P = \frac{F - H\delta}{1 - \alpha}$$

按照社会平均资金利润率制定的价格也称为生产价格，按生产价格定价，充分考虑两方面的因素，即任何生产不仅要消耗一定的物质资料，而且要占用一定的物质资料，因此可从整个国民经济效益的角度来评价生产单位的经济活动，进而为社会考虑投资方案提供了一个合理的经济标准。

以平均资金利润率确定运价，其优点是：第一，可以促使企业采用新技术，提高劳动生产率。从而使资金有机构成高的部门得到较多的利润，有利于促进技术进步；第二，有利于选择投资方向，提高投资收益。

运输部门是资金占用较多的部门，因此可按平均资金利润率来制定价格。

按社会平均资金利润率来确定运价，也有一定的局限性：第一，由于这种方法不考虑活劳动的使用效率，因而不利于劳动资源的节约和合理配置；第二，由于这种方法没有考虑平均工资水平的因素，所以将使有机构成较低部门的劳动者只能分享较少的奖励和福利基金；第三，在具体计算上存在一些难以解决的困难，例如对于同时提供多种运输劳务作业的运价，其在固定资金占用费和流动资金占用费的分摊上，难以做到公平、合理；第四，对运输业来说，各种运输方式的资金占用量差别较大。比如铁路运输，其企业固定资产范围明显不同于道路、航空、水路等运输企业，它不仅包括运输工具（机车车辆），也包括与运输工具相关的配套设施（线路、桥梁、隧道、通信信号等）。如果各种运输方式均用统一的资金利润率来确定运价，就难以使其客观合理。

二、国家定价与价格听证

（一）国家定价

由于运输业与国民经济及人民生活各方面的联系广泛，所以运输价格一般采用国家定价的方式。

国家定价时，应考虑生产经营收入在补偿平均成本或社会成本后，能获得社会平均利润。如果价格过高，对消费者是一种损害，作为国家，其社会经济职能决定它应力求避免让消费者受到损害国家制定的价格也不能过低，也应同时考虑运输业的生存与自身的良性循环。

由国家确定的计划价格中的平均成本，必须在全部经营范围内进行核算，例如铁路，对于只限于某一范围的经营，如公路运输，则可由地方的国家物价部门会同运输的主管部门制定地方统一价格。其中的社会成本应在地方内核算。这样使广大的消费者在公平的前提下实现消费。

国家定价具有相对固定性的特征。但是，如果运输业内部存在着供求关系的不平衡，尽管其内部各自的运价反映了平均利润要求、但与消费者的需求评价比例不一致，这时国家就应据此调裕两者的内部比价。比如提高铁路的短途运价，相对降低公路运价以引导公路对铁路的分流。

1. 铁路客运价格的制定

我国铁路客运价格一直实行全国同一水平的国家定价，1998 年 5 月《中华人民共和国价格法》（简称《价格法》）实施后改称政府定价。经国务院批准，1998 年 4 月起，允许部分铁路旅客票价向下浮动；2000 年 11 月起，允许部分铁路旅客票价以公布的《铁路旅客票价表》为基准上下浮动。

现行铁路旅客票价按旅客乘坐的列车等级和车辆类型，分为普通票价、加快票价、卧铺票价、空调票价等多种票价形式。普通旅客列车慢车 200 公里运程以内的硬座票价是旅客票价的基础，其他各种票价都是在此基础上按照一定比价关系经过加成或减成计算产生的，因此，通常将这一基础票价按每人公里元表示的票价率称为铁路旅客票价的基价率。

新中国成立以来，国家铁路票价共进行过四次较大的全面调整。第一次是 1952 年 3 月，关内外直通旅客列车开行，全路统一客运运价。第二次调价是 1955 年 6 月 1 日，铁路旅客票价提高 30%，硬席基价从人公里旧币 135 元提高到 175.5 元，折合新币 0.01755 元。第三次全面调整客票价格的时间已经是 1989 年 8 月 5 日。由于长期没有调整旅客票价，票价明显过低。在此背景下，经国务院批准，对客运运价水平做了较大幅度的调整，硬座基价率由每人公里 0.01755 元调整为 0.03861 元，提价幅度 120%。第四次全面调整客运价格是在 1995 年 10 月 1 日。为了缓解铁路客运价格偏低、企业严重亏损的问题，经国务院批准，旅客票价基价率从人公里 0.03861 元调整到 0.05861 元，同时适当调整了不同席别的比价关系，理顺了递远递减率。这次铁路调整价贯彻了国民待遇原则，国内外旅客实行同种票价。

铁路旅客票价存在的主要问题是：客运价格形成机制不适应于社会主义市场经济和运输市场竞争的基本需要。对于旅客票价而言，政府定价的主要弊端是：我国不同地区的经济发展水平和旅客承受能力有较大差别，不同线路、不同季节的客流量及铁路运输企业的客运成本都明显具有非均衡分布的特征，而铁路客运缺乏调整票价水平的基本权力，客运票价不能及时反映运输市场供求关系，更缺乏对客流的调控能力。

国家一般通过制定投资政策来实现对运输供求矛盾的调整。国家定价一经确定不允许企业任意变动，具有较强的行政约束力，但这种行政约束力的有效性在很大程度上取决于统一计划价格的可调性。企业对国家定价的接受程度取决于价格的合理与否。当统一计划价格能够补偿并保证企业获得正常盈利时，它的行政约束力就能够实现；当统一价格远离价值时，则往往迫使企业设法摆脱其束缚。因此，国家定价既要保持相对的稳定性，也要根据实际需要适时进行调整。

2．汽车运价的制定

为统一全国汽车运价计算办法，正确执行《价格法》和国家物价政策，促进道路运输业发展，交通部、国家发展计划委员会于 1998 年 8 月 17 日发布了《汽车运价规则》，并已于 1998 年 10 月 1 日起施行。

《汽车运价规则》是计算汽车运费的依据。凡参与营业性汽车运输活动的经营者、旅客、托运人。均应遵守该规则。

《汽车运价规定》规定的汽车运价包括：汽车货物运价、汽车旅客运价。各省、自治区、直辖市交通主管部门和价格主管部门，可根据该规则制定实施细则，该规则的价目已确定幅度的，必须在幅度内确定价格水平，未确定幅度的由各省、自治区、直辖市价格主管部门和交通主管部门自行确定。

对于政府列入市场调节价的客货运价价目，不受该规则有关基本运价加成幅度的限制。

各级主管部门在制定和调整汽车运价时，应遵循价值规律，反映运输经营成本和市场供求关系，根据不同运输条件实行差别运价，合理确定汽车运输内部的比价关系，并考虑与其他运输方式的比价关系。

3．运价制定权限的下放

以铁路运输为例，国家计委近年逐渐放宽对铁路运价管制，并将继续深化铁路运价管理体制改革，适当下放铁路运价管理权限。按照国家计委的设想，对于货运价格，在恰当简化价格结构的基础上。根据商品市场供求关系，将货运价格逐步划分为三类管理，分别由市场调节、政府指导和政府定价；客运票价将调整改革现行计价体系，公布新的《铁路旅客票价表》。

货运方面分二类管理，一是对市场供求基本平衡或供大于求，价格主要由市场决定的商品，铁路运价将实行市场调节价；二是对煤炭等与国民经济发展关系密切，对铁路运输依赖程度较大的大宗货物，实行政府指导价：三是对国家要求实行运价优惠的支农物资、军事物资运输等，实行政府定价，执行较低的运价标准。对铁路企业运输第三类商品造成的运营亏损，通过减免税收、财政转移支付等方式予以补偿。

客运票价调整改革现行计价体系，主要是公布新的《铁路旅客票价表》、落实政府指导价和市场调节价政策，赋予铁路运输企业更大的价格管理权限，促进铁路运输企业积极利用价格杠杆，参与市场竞争，扩大市场份额，实现扭亏增盈。

铁路客货运输与国民经济发展和人民生活关系重大，具有公用事业和公益性服务的特点，在特定时间、区域和货物品类运输中处于垄断地位。根据《价格法》和《铁路法》有关规定，国家对铁路客货运输价格实行以中央政府定价为主的价格管理体制。改革开放以来，我国运输市场形势发生了很大变化，各种运输方式竞争格局初步形成，为国家逐步放松对铁路运价的管制，使铁路运输企业面向市场，积极利用价格手段参与竞争创造了条件。

国家对运价的调整，实际上往往要同时考虑供求双方的利益。为此，目前采用的方法主要是价格听证。

二、价格听证制度

1. 我国价格听证制度的产生

1993 年，深圳在全国率先实行价格审价制度，政府在制定或调整与百姓生活密切相关的商品和服务价格时要征求消费者、经营者和有关专家的意见，这就是价格听证制度的雏形。截止到 1998 年，江苏、河南、北京、青岛等 13 个省市相继建立了价格听证制度。1998 年 5 月实施的《价格法》首次将价格听证制度法制化。

为规范政府价格决策听证行为，提高政府价格决策的科学性和透明度，促进政府价格决策的民主化和规范化，我国国家发展计划委员会于 2001 年 7 月 2 日根据《价格法》，颁布了《政府价格决策听证暂行办法》。

政府价格决策听证，是指制定（包括调整）实行政府指导价或者政府定价的重要商品和服务价格前，由政府价格主管部门组织社会有关方面，对制定价格的必要性、可行性进行论证。听证的主要形式是听证会。

实行政府价格决策听证的项目是中央和地方定价目录中关系群众切身利益的公用事业价格、公益性服务价格和自然垄断经营的商品价格。

政府价格主管部门可以根据定价权限确定并公布听证目录。列入听证目录的商品和服务价格的制定应当实行听证。

政府价格决策听证应当遵循公正、公开、客观的原则，充分听取各方面的意见。听证过程应当接受社会监督。

听证会代表应该具有一定的广泛性、代表性，一般由经营者代表、消费者代表、政府有关部门代表以及相关的经济、技术、法律等方面的专家、学者组成。听证会代表由政府价格主管部门聘请。政府价格主管部门应当根据听证内容，合理安排听证会代表的人数及构成。听证会代表可以向申请人提出质询，对制定价格的可行性、必要性以及定价方案提出意见，查阅听证笔录和听证纪要。公开举行的听证会，公民可以向政府价格主管部门提出旁听申请，经批准后参加旁听。

2. 价格听证的申请内容

价格听证的申请人提出的书面申请应当包括以下材料。

（1）申请单位的名称、地址、法定代表人；

（2）申请制定价格的具体项目；

（3）现行价格和建议制定的价格、单位调价幅度、单位调价额、调价总额；

（4）建议制定价格的依据和理由；

（5）建议制定的价格对相关行业及消费者的影响；

（6）申请企业近三年经营状况、职工人数、成本变化、财务决算报表，人均产值、人均收入水平及上述指标与本地区同行业和其他地区同行业的比较等；该定价产品近三年发展状况、供求状况和今后发展趋势等情况说明；

（7）政府价格主管部门要求提供的其他材料。

申请人应当对所提供材料的真实性负责。政府价格主管部门认为申请人提交的有关财务状况的说明材料需要评审的，应当将该说明材料提交具有合法资格的社会中介机构进行评审，由社会中介机构出具能证明材料真实性的评审报告。

听证会代表多数不同意定价方案或者对定价方案有较大分歧，难以确定时，价格决策部门应当协调申请人调整方案或由政府价格主管部门再次组织听证。

需要提请本级人民政府或者上级价格决策部门批准的最终定价方案，凡经听证会论证的，上报时应当同时提交听证纪要和有关材料。

政府价格主管部门和听证主持人违反规定程序，徇私舞弊的，由同级人民政府或上级政府价格主管部门宣布听证无效，并报请有关机关追究其行政责任。情节严重，导致决策失误的，应该追究有关人员的法律责任。

听证程序要保证公开透明。听证会前要发布公告，将听证会所要公开听证的内容及具体事项、程序向社会公布，并公开听证代表的推选办法和产生过程。公开举行的听证会，可以邀请新闻媒体采访报道，也可以在听证会举行前后向新闻媒体公布听证会有关内容。

第四节　运价管理

一、浮动运价

浮动运价，一般指为改善企业经营效果，根据运输市场的调节原理，在国家价格政策允许范围内确定的相对有差别的运输价格。

我国地域辽阔，自然条件、经济状况以及运输需求的波动状况很不相同，因此运价的调整不能要求各地完全一致，幅度完全相同。也就是说，在实行国家统一定价的同时，还应发挥市场的调节作用，允许运输企业在国家规定的范围内，实行浮动运价。

（一）浮动运价的作用

浮动运价具有以下作用：

（1）由于企业有了价格浮动区间，可以一开始就避免或克服因国家定价测算不准给生产者或消费者带来的损失；

（2）当运输成本发生变动时，使其价格有相应的调整空间；

（3）当发生运输供求变动时，使企业能适应市场价格波动；

（4）可促使企业开展竞争，以提高经济效益和服务质量；

（5）可为国家制定与调整运价及相关政策提供重要信息。

（二）浮动运价的性质

由于运输企业没有也不可能有完全自主的定价权力，所以只能实行一定的浮动价格。如果企业确定的运价处在价格的允许浮动范围内，那么实际运价就是企业所确定的运价；如果企业确定的运价超出了浮动的范围，则以浮动价格的上限或下限为实际价格。

当然，国家应合理确定运价的浮动范围。如果浮动幅度相对于供求关系规定得太小，则价格限度必然被撑紧，各企业都将实际运价定在同一个限度上，无异于统一调价；在供过于求时，价格下限就是一个变相的统一国家定价；在供不应求时，浮动上限就是变相的统一提价。长此以往，将导致运价的基准价不复存在。

如果浮动幅度定得太大，将使其足以容纳来自不同程度的供求变化的冲击，则意味着浮动运价失去其存在的意义。

（三）企业定价方法

对于大多数运输企业来说，其在国家规定的浮动运价内，常以成本为主要依据，对企业的运价加以测定。其方法主要有以下两种。

1. 成本加成定价法

成本加成定价法，就是估计运输产品的平均变动成本，加上间接费用，再加上一定百分比的利润加成作为价格。

成本加成定价法的优点是：第一，比较简单易行，不需要估计价格与需求的复杂关系；第二，价格基本上可保证成本的补偿；第三，各企业都按一定比例加成，可减少由于价格竞争而产生的威胁；第四，会使买卖双方有公平合理的感觉，顾客也可通过加成法了解其价格的构成情况。

成本加成定价法的缺点是：第一，忽视了当前需求状况，而且它采用的成本是会计成本，而不是未来成本，因此它只是一种令人满意的方法，而不是最优方法；第二，即使它比较简单易行，但要合理分摊间接成本还是比较困难的，因为任何分配方法都不可能是公平合理的。

2. 盈亏平衡法

盈亏平衡法，就是确定企业保本运价的方法。其计算式为

保本运价 =（固定成本 + 预计周转量 × 单位变动成本）÷ 预计周转量

保本运价，一般在季节性供过于求时，为了保本而临时采用的运价。其实，由于固定成本与运输工作量无关，具有不可避免性，所以在季节性供过于求时造成的运价大幅下滑时，只要企业实际运价大于单位变动成本（即可小于保本运价），在短期内也是必要的和可行的。

二、差别运价

差别运价是指运输提供者根据市场对运输的不同需要层次，制定不同的价格，例如，对于同样重量、同样运距、同样运输条件的两种货物，其运价可有不同。

（一）差别运价的意义

（1）国家利用差别运价发挥运价的杠杆作用，以促进合理运输，促进生产力的合理布局。

（2）可在一定程度上消除运输企业由于在不同运输条件下运输所产生的苦乐不均现象，使运价大体符合价值，促进运力的合理分布，缓解边远地区运力的供求矛盾，提高企业经济效益和社会效益。

（3）按质论价，可以鼓励先进，保护消费者利益，同时有利于调节供求关系。可以照顾到各种类型的消费需要，使运输消费者按自己的需要来确定对不同质量的运输劳务需求，从而有利于供求的平衡。

（二）实行差别运价的条件

（1）能把各种不同的运输对象区别开来。比如，能按运输对象对运输工具的不同要求对运输对象分类，以便对不同的运输对象实行不同的价格。

（2）各种不同运输对象的价格需求弹性不同。例如，对贵重商品和廉价商品可以实行差别运价，因为两者对运输的价格需求弹性不同，前者小，后者大。

（三）按运距不同的差别运价

为了运输的合理化，国家在运距方面实行差别运价。运价率与运距之间的关系可有 3 种情况。

1. 递远递减

为鼓励运输需求者充分合理利用运输工具，相对减少运输供应者的固定费用支出时，可对远断离运输采取鼓励政策，即随着运距的增加，其运价率则相对下降，使其与成本性态相一致。运价率与运距的关系如图 11-4-1 所示。

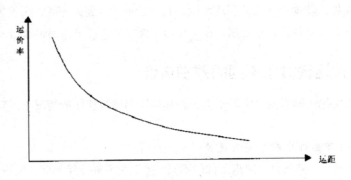

图11-4-1 运价率递远递减

2．有限递远递减

运价率在合理的运距内采用递远递减，而在合理运距外保持一定的水平不变，其目的是不鼓励过远运输。其几何意义如图11-4-2所示。

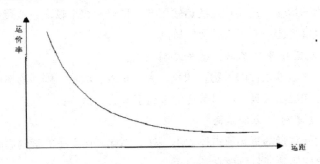

图11-4-2 运价率有限递远递减

3．过远递增

运价率在合理运距内递远递减，但在合理运距外反而递远递增，其目的是对于那些过远运输对象加以严格限制，以促使货物流通的合理化或使其转而选用其他运输方式进行运输。其几何意义如图11-4-3所示。

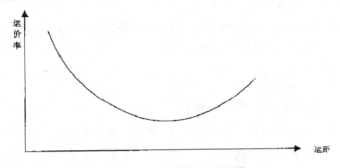

图11-4-3 运价率过远递增

按运距实行差别运价，可以用来合理分配各种运输方式的运量，例如，为发挥水运长途运输安全的优势，鼓励货主充分利用水运，其运价形式可递远递减；为发挥公路短途的门到门运输的优势，限制其长途运输，在一定的距离以后，可采用递远递增的运价。

（四）按运输对象不同的差别运价

这种差别运价把运输对象分为若干类，在其运距和运量相同的情况下，对每类规定不同的运价。

1．不同的地理条件实行不同的运价

根据经济区域、自然条件、地理条件的不同，虽然运量和运距相同，但运价有所不同。例如，地区不同，货物生产和销售的集中程度与分布状况不同，因而会影响实载率，所以运价也不同。此外，地埋条件差，如山区路段影响车速和载重量，运输成本较高，所以其运价和平原地区也应有所区别。这种价格下的差异，有利于生产力和运力的合理布局。

2．货物的价值不同，实行的运价不同

对于贵重货物的运输，需要特定的运输服务，使得其成本较之一般货物明显升高。因此，贵重货物的运价将比一般货物的运价偏高。

3．货物性质及运输条件不同，运价不同

对于需要特定的运输条件的货物，如长、大、超重、危险、鲜活易腐的货物，由于需要特殊的运输条件和运输工具，所以其运价也高于普通货物。

4．货物的比重不同，运价不同

比重不同，同样重量的货物所占体积不一样。因此，比重小的货物影响载重能力的利用程度，因此运价应比普通货物要高。

5．运输时间不同，运价不同

在运输旺季，由于运力紧张，为了优先运输季节性强的货物或旅客，可适当提高运价，从而使与季节性无关的货物或旅客错开运输时间。当然在运输淡季，为了吸引运输需求，也可适当降低运价。

6．对运费的负担能力不同，运价不同

对于那些对运费负担能力较低的货物，可相应降低其运输价格。例如，廉价商品的运费负担能力较小，所以运价也较低。在旅客运输中，对学生实行半价，是因为学生的经济负担能力小。

（五）按运输批量不同的差别运价

当一次运输货物的数量达到一定的数目时，可适当降低其运价。实行这种差别定价的目的是可促使货主或客户成为长期的客户，便于把握运输的供需关系，并且可补偿运输负担而多付出的费用。

我国现行的整批、零售运价等属于按运输批量不同的差别价格。

第十二章　交通运输政策与交通运输可持续发展

第一节　交通运输政策的内涵与结构框架

交通运输政策，是为了指导、影响交通运输经济活动所规定并付诸实施的准则和措施。交通运输政策是加强和改善宏观调控，调整和优化产业结构，提高行业素质，进行资源合理优化配置，促进各种交通运输方式协调发展的重要手段，是用法规管理全行业、用政策引导全行业、用信息服务全行业的重要依据。

一、交通运输政策的运转

交通运输政策的运转，指完成包括其准备、制订、执行及总结四个基本功环节在内的一次循环过程。

1. 准备

准备是制订政策前的调研工作过程，包括确定交通运输经济的现状及其与目标状态的差距，为决策者反馈信息和提出问题。

作为一种工作过程，交通运输政策调研的提出、进行及其完成结果，一般要受下述3种因素的影响：

（1）政策调研活动发生的客观环境，被调研对象的历史现状和发展趋势。这是引起政策调研活动的客观因素。

（2）调研者的专业知识与技能、职业、政治觉悟、文化水平及调研者集团的智力结构等。这是影响调研工作效果的主观因素。

（3）领导者的决策能力和水平。这是政策调研工作过程的行政指挥与制约因素。

因此，要搞好制订交通运输经济政策的准备工作，必须把握上述3方面的有机联系及变化规律，从而找出科学的政策调研工作方法和途径。

2. 制订

制订是在充分调研的基础上具体设计和选定政策方案的工作过程。对此，须注意掌握好下述基本原则。

（1）注意政策的时控性，要尽可能地在多种方案中选择优化合理、适合现阶段经济社会环境的政策方案。

（2）注意有关政策的相关性，尤其要充分做好相关经济政策的协调配套工作。

（3）注意该项政策的社会心理效应，包括执行该项交通运输经济政策可能带来的社会问题和政策实施对象与群众的承受能力。

（4）注意经济性政策的超前研究，尤其要做好社会经济政策变革因素影响的研究工作，如目前科学技术革命和经济体制改革所引起的生产集约化趋势以及再生产结构中其他方面的变革因素的影响。

（5）注意对政策制订工作过程实行统一的系统管理，如组织统一、设计统一、程序统一等，尤其要注意改革某些相关部门各自为政制订政策的不合理现象。

3．执行

执行是政策的下达、实施的管理工作过程。对此，需要研究政策制订者与执行对象的关系，分析执行对象的素质、心理和行为特征，以及研究政策实施行为的合理化途径等。

4．总结

总结是政策实施效果的评估与政策调整的工作过程中政策效果的评估，包括调查该项政策实施后的交通运输经济效果和社会总体经济效果，预测政策的可能变化趋势和限制因素等项工作。对此，应做好以下3项工作。

（1）制订明确的评价标准体系。

（2）建立政策评估的数学模型，即需要形成一个科学的评估程序，掌握一系列现代经济评估手段和方法。

（3）建立系统的政策评估组织。

政策调整，是在政策运转周期终止环节中，为继续优化实施效果所进行的完善、充实政策方案的工作过程。这既是一项交通运输政策完成一个运转周期的终止工作，也是政策总体完善过程中开始下一次运转循环的起始工作。对此，须要注意防止单凭主观意志来调整政策的工作方法，以尽可能地避免不合理的经济行为和政策效果递减现象的发生。尤其要加强研究政策调整过程中的心理变化，政策调整的形式、时机及调整的程序和方法等项工作，以不断优化交通运输政策的实施效果。

二、交通运输政策的实施目标

交通运输政策作为国家经济政策的一个重要组成部分，应当按照经济政策的总体目标即提高整个社会生产与人民生活水平、合理分配社会资源进行制定。对此，世界各国均依据各自社会结构与经济状况，分别制订各自不同的具体交通运输政策。例如，对铁路运输而言、在发展中国家，为进一步发展铁路运输，既需要采取保护政策，又需要同时采取补助或扶持的政策；而在一些发达国家则多采取扶持政策。

制定交通运输政策的目标主要是为了维护正常的交通秩序、协调交通运输系统的工作及保证交通运输安全等。

1. 维护正常交通运输秩序

任何一种活动，只要参与者众多，就必须要有规定的秩序才能正常进行。交通运输服务的供给和消费，是一种具有广泛公共性的经济活动。不仅有多种运输方式、多种经营方式、多种经济成分及数量众多的交通运输经营者，而且还有类型繁杂和众多的运输对象。

既然交通运输服务是一种经济活动，就会有经济利益发生。无论是交通运输服务的供给者还是需求者，无论任何一种运输方式、经营及用户单位或个人，都有各自的利益。这些不同利益取向，将使其相互之间在一定程度上、一定时间和供求范围内有着各种矛盾和制约。

为了社会总体利益的基本需要、包括既保证各运输方式和经营单位正常进行运输服务工作，尽可能有效利用其运输能力、合理发挥其优势。又保证运输需求者总体的基本经济利益，必须要有一个正常的交通运输秩序。

例如，政府先必须对交通运输经营权利和基本运价水平要有一个原则性规定，如像经营许可证制度、基本运价制度、税费征收制度以及经营范围限制、有关业务单证和票据统管制定。决不允许无政府主义的随意经营、漫天要价、坑害社会公众利益的非法活动。这些都是为了适应上述需要而在政策上实施的限制和规定。

2. 协调交通运输工作

在考虑维持上述交通运输正常秩序的同时，为了提高整个运输系统的运转效率，提高运输服务质量，还必须考虑各运输方式协调地进行系统性的、有组织的运输服务供给。

为保证社会总体经济效益，同时兼顾不同运输供给方的效益，必须发挥各自优势，才能提高交通运输系统总体的运转效率。

交通运输协调工作内容主要有：合理地确定各运输方式的服务分工及比价关系，设置各运输方式的共同终点站，组织不同运输工具的共同使用和联合直达运输以及设立直达运价等。

3. 保证交通运输安全

交通运输安全，包括运输安全与交通安全。

运输安全是运输对象的安全，即从起运点起至目的地，对货物要保持其完好无损、数量无差错、质量无变异；对乘客要保证其乘车安全，不得发生任何危及其人身与财物安全的责任事故。

交通安全是运输工具运转行驶时，要保证有关行人、交通工具及沿线设施的安全。

由于近代运输工具重量大、速度快，而且其运转过程中产生的振动、噪声、废气等，使驾驶人员长期在高温和有害健康的作业环境下工作，经常处于高度集中和精神紧张状态之下。因此，发生事故的可能性较大，而一旦发生事故，就容易造成重大人身伤亡和财产损失。近年来我国船舶溢油污染损害巨大，损失十分严重，每起重大事故造成的直接经济损失都在几百万或数千万元以上，而且对水域环境造成严重破坏。

交通运输安全政策所涉及的内容可以概括为以下 3 个方面。

（1）有关交通运输工具本身，如限定道路运输车辆的结构、装载量、定员及行驶速度等有关安全标准；限定铁路运输车辆的结构、装载量、路轨、信号设备、桥梁、隧道性能的各种安全规定。

（2）有关驾驶人员驾驶工作规则，如交通路口信号控制、行驶速度限制、通行规则等细则规定。

（3）有关运输对象载运工作规则，指为了保证所运货物、乘客的安全所订的有关规定，如限定货运损失率、商务事故发生频率等。

有的国家还规定了将交叉路口立体化和建造桥梁的审批权限，以确保交通运输安全。

第二节　交通运输政策分类

由国家或地方政府制定的交通运输政策，按其性质可分为直接介入性的、实施监督性的、经营保护与扶持性的和综合性的运输政策等四种类型。

一、直接介入性政策

直接介入性政策，指各级政府通过专项税费征收或以直接经营企业方式介入交通运输市场的有关政策。

1. 征收社会性费用

社会性费用包括因交通运输环境污染所发生的外部不经济费用和建设大型交通运输设施的回收费用。

外部经济费用是因交通运输活动引起而又发生在交通运输系统外的费用，主要包括因交通噪声、振动、废气、灰尘及事故等引起的损失费用和为其不良影响所必须支付的防治费用。如喷气式飞机机场附近及高速公路沿途防止噪声费用、因船舶的排油投弃使海域渔业损失所需支付的损失费用等。为建设大型交通运输设施的回收费用，如建设运输线路、车站、港口及机场桥梁等大型设施，还有如拆除市内有轨电车轨道、建设无轨电车或公共汽车线路时，需铺装路面提供给车辆行驶和行人步行等。因这种建设投入使用，给交通运输产业带来较大利益的情况下，政府应采取相应措施予以征收有关税费（如过桥费、过路费、公用设施附加费等），回收部分费用。

2. 政府直接经营性介入

这是由政府直接经营具有某种独占性运输企业形式，个人运输市场。其资金来源主要依靠财政税收或专项费用支持，是一种直接性的介入政策。

由政府直接经营企业的主要特点是资本雄厚，可以组织大规模企业和普遍性经营。我国的民用空运、远洋海运及铁路运输主要由各级政府直接经营，汽车运输和内海航运大多数为私营。在国外，发达国家的海运与空运业私营较多，部分为国家经营；发展中国家的海运与空运则多为国营。以民航为例，民航是资金密集性企业，中型以上飞机尚不能国产化，引进外国先进机型，宽体客机一架上亿美元，一架中型客机一也需上亿元人民币。此外，在机场基础设施建设、飞机维修等方面所需资金数额巨大，民营企业难以问津。

为了发展处于边远和经济较为落后、地理条件较差地区的社会经济、文化，普遍提高人民的生活水平，政府有必要在这些地区直接经营运输业。

二、监督性政策

监督性政策是指对交通运输业实施的间接性介入政策。主要包括限制独占、运输业统管及交通运输安全与劳动保护政策。

1. 限制独占

由于独占性经营一般规模较大、数量多，其运量在总运量构成中所占比重较大，其经营方针和运价水平不仅影响其他运输方式的发展而且对国家和区域经济也有着重要影响。

历史经验表明，完全独占弊病很多，容易产生不顾大局而偏顾自身利益的现象，尤其是发达国家中的私人垄断经营性运输企业更为明显。对此，政府应采取适应政策，对其经营上的不良倾向予以限制。美国在19世纪初为扶持铁路发展曾对之施以很多优惠，如免费进口钢轨、免费或以优惠价供给土地等。但到了20世纪末，为防止铁路运输垄断，美国政府又拨巨款85亿美元疏通河道，发展水路运输，以后在20世纪50年代又投资1000亿美元修建6.8万公里高速公路以发展汽车运输。

各国由于社会制度、经济体制不同，各种运输方式的独占情况也不一样，而在一个国家内各地区的情况，则由于经济发展及历史地理不一，其运输许许多多的独占情况也有差异。如铁路运输，在我国具有广泛的独占性，几乎全部由国家经营，它对国家的经济发展有着重大的影响。因此，对于这种类型运输业的经营方针和运价，国家均予严格管理。它的运价过高或过低，均影响整个国民经济的发展和其他运输方式的合理发展。

我国的汽车运输业，以前几乎完全由国营运输企业实行独占性经营。改革开放后，我国对公路运输产业结构和产业政策进行了重大调整，打破长期以来公路运输独自经营的传统，实行国营、集体、个体一起上，逐步形成多层次、多渠道、多种经营方式的新型运输结构，促进了公路运输的发展。

2. 运输业统管

运输业统管政策的主导思想，是根据实际运输需要和有利于国民经济健康发展的原则建设运输业，以保持交通运输服务的供求平衡、不浪费社会资源和保持正常的交通运输秩序。

运输业统管的内容较多，主要有运输经营许可统管、基本运价统管、运输组织协调与指挥等。

运输经营许可统管，是为了保持运输供求平衡和服务水平，需要审查运价供给者的经营能力及经营范围，对超过或不符合社会经济建设需要的运输经营要加以限制。例如在人口较多、经济发达的地区与城市，如果允许随意运输经营，必然会引起重复投资，不合理竞争和运输业的过量发展，致使社会资源的严重浪费。所以，要制定相应政策加以限制，如统一设置运输网点、实行营运许可证制度。

运价政策，是运输业统管政策的重要内容，对促进社会经济发展和保持正常的运输工作秩序均起着重要作用，因此，各国对国内运输业几乎都重视采用运价的批准制度，由各级政府统管。如我国汽车运价就是由各级政府主管部门会同物价部门统一管理的。

运输组织协调与调度，一方面包括运输系统内各运输方式、经营形式间运输业务分工及协调关系，制定相应政策实行统一管理；另一方面是在特殊情况（如发生战争、紧急救灾等）时，将国内或地区内全部运输工具由政府统一调度管理，以服从社会总体需要。

3. 运输安全与劳动保护

随着运输工具总体数量的不断增多，产生交通运输事故的可能性也在增大，其破坏程度不可忽视。为了保护人身安全、保护社会财产不受损害，除运输业自身要在有关管理和技术方面采取有力措施予以保障外，各级政府部门还应制定有关运输安全的政策，实行统一监督与管理。

交通运输业是一个从业人员众多的行业，其劳动过程的特殊性，要求在谋求和保护运输业劳动者的应得利益与合理的劳动条件方面制定相应的政策，即运输劳动保护政策。

运输业劳动与其他行业劳动的基本区别在于，它兼有移动性和运输生产的即时性。由于运输业劳动者在固定性场所的作业劳动不同，它是处在特殊困难的劳动环境中，不断受到噪声、振动、摇动、废气乃至高温、高压的影响口又由于运输生产与消费具有规律性的移动，特别在运输高峰季节或运输高峰期，运输劳动者还必须随之进行连续长时间的作业劳动。他们的休息、饮食等都是无规律的，这样就使得运输劳动者在较长时间内处于身体上和精神上高度疲劳的状态，偶发事件的可能性较大；同时，长时间的精神高度紧张和不断地移动、振动，又易导致劳动者内脏损伤。因此有必要制定相应政策，对运输业劳动者的录用、培训、工作安排、福利待遇及劳动条件等给予特殊关照。

三、保护与扶持政策

1. 运输保护政策

运输保护政策的目的在于保护和发展本国和本地区的运输业权益。

在运输业发展初期或运输欠发达的情况下，由于这时整个国家或地区的科学技术与经济发达程度较低，致使运输业的自然发展难以产生预期效果，此时，政府有必要介入、对特定的运输手段实行各种保护，如目前发展中国家为了发展本国海运业，大多给予本国海运业以特权利益，而对外国船只实行差别待遇；有的国家将本国船只港湾使用费和海关生产率降低或者规定 50% 以上数量的输出货物由本国船舶运输等。我国有的省内允许对边远山区公路运输实行政策性亏损以及对省际、市际、县际实施公路客运平衡性业务协调等也是一种地区性运输保护性政策等。

即使在运输业发达的国家也对本国运输业采取诸如此类的保护政策。另外，各国都实行的在领海内各航线禁止外国船只航运等也是一种保护性政策。

2．扶持政策

扶持性政策，原则上是以运输市场的运输产品价值规律为前提实行的，因此也有较强的保护性。例如，对于能合理经营但资金不足而致经营困难的运输企业实行低息长期贷款。或财政补贴、减免税费等；对于必须建设的大型运输企业（如铁路、轻轨铁路、民航、地铁等）。因地方资金不足而采取国家与地方财政联合投资；有某些地区运输建设采取政府与民间联合投资；在国际运输竞争激烈的情况下，对本国的运输业予以必要的财政补贴（如美国对本国海运业提供了船舶建造的财政补贴及远航差额补助；对公共运输业提供利润补偿，即对于运价水平低于运输产品价值的公共运输业，实行必要的财政补贴或减免税费征收等，如国内各大中城市公共客运企业实行财政补贴及减免税费征收政策）。

四、综合运输政策

综合运输政策是指为各种运输方式总体合理发展的系统性政策。

现代各种运输方式因其形成历史、运输功能及经济特征等各不相同，各国曾先后制定了相应的针对某种运输方式的运输政策，如铁路运输政策、水路运输政策、汽车运输政策、航空运输政策等，这些政策大多缺乏相互关联性，甚至有碍于交通运输业的合理发展。因此，作为以提高国民经济为目标的国家经济政策重要组成之一的交通运输政策，必须谋求各种运输方式都能合理发展，即谋求整个交通运输系统的健康发展，消除上述各种阻碍因素，这就有必要首先制定综合性的交通运输政策，以便在原则上统管各项运输政策。

制定综合性运输政策，需要综合考虑全社会范围内的有关因素，考虑与整个国民经济的关系，考虑有关经济政策（如工业政策、物资流通政策、地区开发政策等）结合进行。

在铁路运输发展阶段，以其高度独占性经营为前提的铁路运输政策，在当时是合理的。但在当今，因汽车运输与航空运输高度发达，使其某些运输功能优于铁路，因而显著地制约了铁路运输的经营，使货物运输工作大量转向汽车运输，在一些工业发达国家，其汽车运输无论就其完成的货运量或货物周转量都远远超过了铁路运输。在这种情况下，如果依然坚持铁路运输完全独占性经营的运输政策，就会阻碍汽车运输的发展。因此，制定综合性运输政策应以合理配置各种运输方式充分发挥其效能，最大限度减少社会资源浪费为目标进行。然而，以怎样的实际方法达到这个目的，在技术上是相当复杂、困难的。对此，平等竞争与机会均等应作为制定相关政策的原则。因此，在制定综合运输政策时应考虑以下 5 点。

1. 运输费用负担问题

汽车运输、航空运输和海上运输不完全负担运输线路及终点站费用，而铁路运输则完全负担上述费用。

2. 发挥各运输方式的功能特长

汽车运输以中短途、集散货物运输为主；铁路运输则以长途、大宗货物运输为主；水运则以远洋、近海、沿江大宗廉价货物运输为主；航空运输则以时效性强、贵重货物运输为主。

3. 自用运输与公用运输的分工

就我国而言，当前社会单位及个人的自用汽车远远超过公用运输汽车，如何合理处理两者之间的关系，明确两者之间的分工，是一个比较复杂的问题，例如自用汽车与公用运输汽车之间是否存在一个合理的比例关系，如果存在这种关系，那么如何来确定；再如，对于公用运输应否给予政策上的扶持或优惠，以发挥其长。

4. 协调运输价格

根据各运输方式的功能特点，合理制定相应运输价格，以便相对于各运输方式的功能特点，扬长避短。

5. 社会效益

包括社会经济效益与环境污染问题。如城市及其周围地区因交通公害造成的环境破坏，通勤与通学难，以及随之引起的社会资源浪费与国民经济负担增加等。

第三节　交通运输的可持续发展

一、交通运翰能源的利用与再生

（一）交通运愉能源种类

1. 原油

原油是液态碳氢化合物。鉴于其特殊性能和冶炼时的加工流程，原油可以制成不同的产品，其中最重要的是汽车燃油、日常燃油和润滑油。除此之外，它还可以为化工行业提供原材料。原油是世界上主要的能量来源，占全世界初级能源消费的 40%。2002 年世界原油产量达 36 亿吨，世界已探明储量为 1600 亿吨，按照目前的消费水平，可以使用 40 年。

2．核能

核能是由不稳定的原子核（通常是铀，少数是钚和钍）裂变产生的。在经历了 20 世纪 70—80 年代的高速增长后，建造新的核电站的速度已经放缓。每年，核能的产量相当于全世界电量产量的 17%，或者是世界能源产量的 7%。目前铀的已探明储量为 400 万吨，按照现在的消费水平，如果无法开发出类似快增殖反应堆的更高效的新技术，则可以使用 50 年。

3．煤炭

煤炭主要是石炭纪以树木为主的陆地植物碳化形成的。煤炭灰烬、杂质、挥发物不同，其质量也各不相同。煤炭占世界初级能源消费的 26%。目前已探明储量按照目前的消费水平，可以使用 200 年。

4．电能

目前全世界 18% 的电能来自水力发电。中国是水力发电的四个大国之一，其他三个国家为加拿大、巴西和美国。像所有可再生能源一样，水能永不枯竭。

5．风能

在古代，人们用风车产生的机械能碾磨谷物。如今，涡轮式风车把风能转化为可以用来发电的机械能。如今每台涡轮式风车可以发电 100 万瓦。2002 年，全世界风能发电总量为 300 亿瓦，其中 220 亿瓦来自欧洲。像所有可再生能源一样，风能永不枯竭。

6．太阳能

目前，太阳辐射可以用于两个不同的系统：一是利用太阳能加热，利用太阳能接收装置直接将太阳能转化为热能；另外就是光电反应，利用太阳电池板把太阳射线转化为电能。到达地球表面的太阳能达 80 亿千瓦。其利用量仍在以每年 20% 的速度增长。像所有可再生能源一样，太阳能永不枯竭。

7．天然气

天然气是轻质烃的混合物，主要成分为甲烷，还包括乙烷、丙烷、丁烷以及二氧化碳等杂质。天然气消费占世界初级能源消费的 23%，2002 年为 2.4 万亿立方米。探明储量估计为 178 万亿立方米，按照目前的消费水平，可以使用 60 年。

煤、天然气和石油这样的化石能源无论它们的使用效率如何，诸如总有一天会枯竭。对于保证长期的可持续发展，可再生能源，例如，从植物根茎、木材和有机废物中提取的生物能、太阳能、风能、地热能及海滨的潮汐能，正在变得越来越重要。

根据我国政府提供的数据显示，我国新型的可再生能源储量丰富。截至目前，只有 10% 的水能和风能得到了开发利用，而对于太阳能、地热能和潮汐能，目前在我国的利用率还不到 1%。

（二）机动车燃料消耗是能源消耗控制的重点

1. 我国当前机动车能源消耗现状

我国的石油消耗在过去 20 年里以每年 5% 的速度增加。目前，快速增长的石油消耗造成的问题已经出现，短缺的石油供应与经济快速发展带来石油需求间的矛盾突出，而燃油消耗快速增加成为首要因素，权威统计显示，机动车消耗了全国石油总产量的 85%，柴油总产量的 42%。预计 2005 年石油需求将达 2.5 亿吨，到 2010 年达到 2.7—3.1 亿吨。而国内年产量仅能达到 1.65—2 亿吨，供需缺口为 1.05—1.1 亿吨。

根据我国机动车发展的预测，如果不提高燃油经济性，我国道路交通所需要的石油将以平均 6% 的速度增长，到 2030 年达到 3.63 亿吨，比 2000 年高出 5 倍。道路交通将在未来 20 年及更长的时间内，成为最大的石油消耗部门。提高燃料经济性，缓解石油消耗高速增长面造成的能源和环境压力成为不容忽视的历史课题。

2. 国外有关机动车能源效率方面的政策

在提高燃油经济性方面，美国的强制性汽车燃油效率政策、日本的分重量级燃油经济性标准可以给我们提供有益的借鉴。

美国于 1975 年制定了强制性汽车燃油效率政策。按照该标准，到 1895 年必须达到整体平均的燃料经济性标准，即 20.6 英里 / 加仑。对于每一辆机动车，如果生产商没能够达到平均燃料消耗的标准，每相差 0.1 英里 / 加仑每辆车将被处以 5 美元的罚款。如果购买的新车严重超标，购买者也将受到处罚。除此标准外，其联邦政府还提供新车的其他燃料效率信息，《里程油耗手册》公布每一种汽车模型的燃油消耗结果，供消费者参考。新车还要求提供一个标签，内容包括由 EPA（美国环境保护署）测试的油耗指标，行驶 15000 英里时的油耗成本，以及由其他厂商制造的同类型车的燃油经济性。强制性汽车燃油效率政策实施的结果，仅 2000 年就节约了 1.9 亿吨原油和 920 亿美元费用。

日本政府针对不同重量级汽车的燃油经济性目标，为轻型汽油、柴油载客汽车和货运汽车制定了一系列燃油经济性标准，燃油经济性目标首先确定在每个重量级中具有"最优"燃油经济性的汽车，并以其燃料经济性水平作为本重量级的燃油经济性标准，同级新车在目标年均要求达到该标准。汽油客车的目标将在 2010 年实现，柴油汽车则在 2005 年实现。如果在 2010 年和 2005 年能够分别实现目标，以日本车辆的运行工况计算，一辆日本产的轻型汽油客车能够达到 15.0 公里 / 升，而柴油客车达到 11.6 公里 / 升。如果不能达到标准，国家将予以罚款。

3. 我国提高汽车能源效率可采取的措施

根据我国现状，为提高汽车能源效率可采取以下 3 项措施。

（1）节能减缓石油使用。大部分拥有大量汽车的国家已经开始考虑石油消耗问题，并制定了削减石油使用的战略。如果没有可执行的石油保护措施，中国将继续处于石油短缺状态，并更多地依靠石油进口来支持它快速的经济增长。另外，如果没有政策来鼓励采用先进汽车燃油技术，中国的汽车业会在国际竞争中处于落后地位。而交通领域的节能会减缓石油使用的增长，并带来其他经济和社会方面的好处：财政上的节约将轻易达到每年170亿元；城市空气污染和温室气体排放将减少；中国汽车业和国际上的技术差距将迅速减小；清晰明确的有关向中国市场介绍节能汽车的政府政策，将迫使国际汽车制造商把最先进的汽车技术带进中国。

（2）提高能效可行性。我国机动车的燃料消耗水平普遍比世界上发达国家低10%—20%。因此，只要采用目前国际上已经广泛应用的技术，中国就可以在未来5—10年内提高燃料经济性20%—30%。目前，汽车工业提出在未来10年左右与国际车辆标准接轨的目标，为达到这一目标，中国车辆技术应进一步实行跨越式发展。欧洲和日本在未来的10年中设定了燃料经济性分别继续提高36和25%的目标，如果我国实现与世界技术的接轨，今后我国机动车燃料经济性水平提高50%左右，从技术上来说是完全可行的。

（3）减少石油消耗。道路交通所占的石油消耗份额越来越大，由此所产生的石油消耗急需减缓。减少道路交通的石油消耗应该包括每一辆机动车能源效率的提高和整个交通系统效率的改善。而提高机动车能源效率是国家能源节约战略中最重要的一项。我国机动车燃油效率平均比发达国家低20%左右，具有巨大的提高潜力。

二、道路运输对环境的污染及相对措施

（一）空气污染

自从工业时代开始以来，空气中的二氧化碳浓度急剧增加，从根本来说，这是由于人类活动，主要是过分消耗化石能源及过度采伐林木造成的。目前全世界大约有6亿辆汽车，汽车尾气是造成空气二氧化碳浓度增加的主要原因之一。近100年里，大气中的二氧化碳浓度上升了30%，地球平均气温上升了0.3℃—0.6℃。这就是迫在眉睫的地球温暖化问题。

由于在用机动车总体技术水平相对较低，我国多数车辆污染物排放量高于发达国家的数倍，加上城市路网建设相对迟缓，造成城市交通于道车流密度逐年增加，交通拥堵严重，车辆在怠速、低速、急加速、急减速的非稳态工况的时间加长，致使污染排放加重。以北京市为例，北京市机动车排出氮氧化物、氧化亚氮排放分担率分别高达46%和63%。由于机动车排气属低空排放，所以对人体健康的影响就更大。

根据我国有关统计数据，在2001年进行环境监控的340个城市中，大约有1/3即约117个城市，达到空气质量一级标准，这比2000年降低了2个百分点；114个城市达到三级标准，占33.5，比2000。年增长了3.6个百分点；其他没有达到三级标准的城市占32.1%，下降了2.3个百分点。

颗粒依然是我国城市的主要污染物。在47个致力于保护环境的重要城市里，有些城市二氧化硫污染日趋严重，超过设定标准的城市比例正在增加。

（二）噪声污染

在 273 个城市中，大约一平（50.5%）推出了公路交通噪声对社区影响的监控体系，与为城市住宅设定的噪声标准相比，提供了更为舒适的生活环境，而 40% 的城市报告存在部分噪声污染，9.5% 的城市遭受严重的噪声污染。

（三）机动车污染排放控制措施

机动车污染排放控制措施主要包括下述 5 个方面的内容。

1. 新车排放控制。要制定出轻型车、重型车、摩托车、农用车等各种车型的分年度、逐步严格的排放标准，从源头控制新车的污染。

2. 要做好在用车排放监督管理的规划和计划。通过年检、路检、入户抽检，促使用户加强对车辆维修保养，以减少污染排放。

3. 对部分有条件治理的在用车，采取成熟有效的治理措施进行治理改造，通过治理改造使污染排放水平大幅度降低。如对车况较好的化油器车可采取安装电控补气和三元催化转化器，对部分高频使用的车改用清洁燃料，这些都是解决在用车污染行之有效的补救措施。

4. 严格执行机动车报废规定，更新和淘汰不符合标准的机动车。

5. 要制定逐步改善车用燃料品质的规划，尽快提高车用燃油品质，这也是解决机动车污染十分重要的环节。

总之，解决机动车污染是一项系统工程，需要汽车和油品的生产者、使用者、维修者、管理者等相互配合做好工作。

三、城市客运交通结构与可持续发展

要达到交通可持续发展，应促使人们对交通需求管理进行深入的思考，特别是作为交通需求重要组成部分的城市客运结构，并在交通消费观念、提高交通效率所依托的基本手段以及交通的资源环境利用等方面进行显著的变革，以期实现城市交通与经济、社会、人口、资源、环境的协调发展。

城市客运交通是城市社会经济发展重要的支撑条件，研究城市客运交通结构的出发点是基于城市的环境容量及其环境承载能力的考虑，在满足城市社会经济发展所要求的客运交通需求的前提下，通过调整城市客运交通结构，达到可持续发展所要求的目标。

在可持续发展的框架下，控制城市客运交通对环境的影响，可以采取调整客运交通结构的方法，使在选择的客运交通结构下，满足客运交通需求，且不超过城市的环境承载能力。

（一）城市客运交通可持续发展动力学模型

1. 模型建立的基本思想

为了描述城市客运交通可持续发展的机理，有必要建立其机理模型（思维模型）。

客运交通可持续发展机理模型是在系统研究城市客运交通的基础上，对与客运交通相关的资源环境系统、交通需求系统和交通运输组织管理系统的运行机理进行分析，运用系统动力学方法，在描述犷其因果关系的基础肚，用系统流程图的形式综合为客运交通可持续发展的机理模型。

2. 目标分析

目标分析是在目标的指导下进行政策模拟，以达到目标。

城市客运交通可持续发展要达到的基本目标是在经济条件允许的前提下，考虑建立一个满足社会经济发展和人民生活需要的客运交通系统。同时必须考虑交通环境容量、交通环境承载力和交通资源承载力，将交通污染降低到最低限度，提高城市环境质量。

3. 因果关系分析

因果关系分析就是要理解整个研究系统的结构机制、因果机制以及通过高度抽象的变量或指标描述系统的动态行为。

在本模型中根据研究目标设立了两个决策作用点：交通短缺量、交通环境承载力。

交通短缺量是交通需求和交通供给能力的差距，这个差值达到一定程度，势必影响城市的社会经济发展，设置此决策作用点是为了达到满足城市客运交通需求的目标。

交通环境承载力可以划分为交通环境污染承载力和交速环境资源承载力，对于任何区域，按照可持续发展的要求，交通的资源利用和交通的环境污染都是有一定限度的，超过限度将制约社会经济的发展。

（二）实现城市交通可持续发展的措施

1. 树立可持续发展的观念，实现城市客运交通发展指导思想的转变。城市交通直接影响城市系统整体的可持续发展，单纯强调规模与总量扩张的传统发展模式的负面影响与弊端正在产生日益严重的后果。北京也已开始感受到城市交通的环境压力，情况不容乐观。有鉴于此，从根本上实现城市客运交通发展指导思想的转变，树立城市交通可持续发展的观念是保证城市交通长期、持续、健康发展的基本思想。

2. 客运交通结构的合理调整是实现城市交通可持续发展的关键一环。客运交通结构关系到交通需求满足的程度及方式，关系到城市交通发展系统自身的运营效率，更与资源的耗用和城市环境密切相连。促进客运交通结构的合理调整，是控制污染、改善环境的有效途径。基于北京城市交通发展的现状，加快发展城市公共交通和大容量快速轨道交通，在注意总量控制的同时，强化结构调整优化，提高公共交通在客运交通中所占的比例，是确保实现城市发展的环境目标，实现城市交通可持续发展的关键一环。

3. 加大科技含量、实现"清洁型"交通，是城市交通可持续发展的重要基础。在城市交通领域不断加大科技进步的含量，降低单车排放水平。积极试验和推广新型低污染或零污染汽车（如电动汽车或代用燃料汽车），实现"清洁型"城市交通，是降低城市交通环境污染、提高城市交通环境承载力的有效途径和重要的微观基础。北京具有雄厚的科技实力，拥有发展代用燃料汽车等低污染汽车的良好条件和必要的前期准备，在城市公共交通和出租车等行业率先推广使用清洁型汽车，将成为首都实施客运交通可持续发展的鲜明特色。

4. 建立和完善法规政策体系，是实现城市客运交通结构调整与可持续发展的必要保障。实现客运结构调整和城市交通的可持续发展，要求配套的法规政策体系作为其必要的保障，概括起来可以归纳为：政策上优惠、经济上扶持、法规上强制，既要制定公共优先发展的有关政策和激励措施，对新型城市交通工具的开发给予必要的经济扶持，同时对高污染交通工具及方式的发展从法规上予以限制性强制，并对社会公众进行广泛的宣传引导，共同为实现客运交通结构的调整和可持续发展营造一个良好的社会氛围。

结　语

　　交通是制约经济发展的瓶颈，而道路畅通与否又是城市发展的关键。交通堵塞，人们将消耗大量的时间和精力在其中，交通事故的不断发生，人民群众的生命财产安全问题，一直是城市中人们出行的心中大患。交通运输作为经济的主动脉，对国民经济以及地方经济具有很重要的作用。国家为了加强对交通运输的管理颁布了许多法律法规，这些法律法规也就成了交通运输经济管理的依据和保障。

　　新时期，我国的经济是社会主义市场经济，时代的发展使得经济资源配置和经济模式也随着发生了很大的变化，这些变化也映射到了交通运输的经济管理上，使得交通运输的经济管理产生了一些改革和创新。